CATALOGUE

DE

LIVRES ANCIENS

RARES ET CURIEUX

PROVENANT

D'UNE GRANDE BIBLIOTHÈQUE

VENTE AUX ENCHÈRES PUBLIQUES
**Le Lundi 28 Janvier 1889 et jours suivants
à 8 heures précises du soir**
28, RUE DES BONS-ENFANTS, 28
(*Maison Silvestre*), *salle du rez-de-chaussée*
Par le Ministère de Me MAURICE DELESTRE, Commissaire-Priseur
27, RUE DROUOT, 27
Assisté de **M. A. CLAUDIN**, Libraire-Expert et Paléographe

ON Y REMARQUE :

Horæ B. M. Virginis. *Paris, Jehan Jehannot,* 1498. Pet. in-8, IMPRIMÉ SUR VÉLIN ; reliure du XVIe siècle à compartiments (No 15). — TELA IGNEA SATANÆ. *Altorfii,* 1681, 2 vol. in-4, en ancienne reliure de maroq. rouge (No 86). — COUTUMES DE BRETAGNE et ordonnances royaulx. *Rennes,* 1540, Pet. in-4, gothique (No 102). — LIVRE DES PROUFITZ CHAMPESTRES, par Pierre de Crescens. *Paris,* 1521. Pet. in-fol., gothique (No 171). — AUGIÉ GAILLARD. Lou banquet. *Paris,* 1610 (No 308). — César, trad. par Blaise de Vigenère. 1589. In-fol., maroq. rouge. AUX ARMES DE SULLY (No 397). — LIVRES DES POSTES, de France, 1793. Couverture aux armes de Louis XVI et de MARIE ANTOINETTE. (No 632). Etc., etc.

PARIS

A. CLAUDIN, LIBRAIRE-EXPERT ET PALÉOGRAPHE
3, Rue Guénégaud, et 16, rue Dauphine.

M.D.CCC.LXXXIX

CATALOGUE

DE

LIVRES ANCIENS

RARES ET CURIEUX

Provenant d'une

GRANDE BIBLIOTHÈQUE

CONDITIONS DE LA VENTE

La vente a lieu expressément au comptant.

Il sera perçu cinq pour cent en sus des enchères, suivant l'usage.

Les livres qui composent ce catalogue, étant généralement des exemplaires de travail, sont vendus dans l'état où ils se trouvent.

Il y aura exposition chaque jour de vente, de 2 heures et demie à 4 heures de l'après-midi.

La librairie A. CLAUDIN remplira les commissions des personnes qui ne pourraient assister à la vente.

CATALOGUE

DE

LIVRES ANCIENS

RARES ET CURIEUX

PROVENANT

D'UNE GRANDE BIBLIOTHÈQUE

VENTE AUX ENCHÈRES PUBLIQUES

**Le Lundi 28 Janvier 1889 et jours suivants
à 8 heures précises du soir**

28, RUE DES BONS-ENFANTS, 28

(*Maison Silvestre*), *salle du rez-de-chaussée*

Par le Ministère de Mᵉ MAURICE DELESTRE, Commissaire-Priseur

27, RUE DROUOT, 27

Assisté de M. A. CLAUDIN, Libraire-Expert et Paléographe

ON Y REMARQUE :

Honᴇ B. M. Virginis. *Paris, Jehan Jehannot*, 1498. Pet. in-8, IMPRIMÉ SUR VÉLIN ; reliure du XVIᵉ siècle à compartiments (Nᵒ 15). — TELA IGNEA SATANÆ. *Altorfii*, 1681, 2 vol. in-4, en ancienne reliure de maroq. rouge (Nᵒ 86). — COUTUMES DE BRETAGNE et ordonnances royaulx. *Rennes*, 1540, Pet. in-4, gothique (Nᵒ 102). — LIVRE DES PROUFITZ CHAMPESTRES. par Pierre de Crescens. *Paris*, 1521. Pet. in-fol., gothique (Nᵒ 171). — AUGIÉ GAILLARD. Lou banquet. *Paris*, 1610 (Nᵒ 308). — César, trad. par Blaise de Vigenère. 1589. In-fol., maroq. rouge. AUX ARMES DE SULLY (Nᵒ 397). — LIVRES DES POSTES. de France, 1793. Couverture aux armes de Louis XVI et de MARIE ANTOINETTE. (Nᵒ 632). Etc., etc.

PARIS

A. CLAUDIN, LIBRAIRE-EXPERT ET PALÉOGRAPHE

3, Rue Guénégaud, et 16, rue Dauphine.

M.D.CCC.LXXXIX

CATALOGUE

DE

LIVRES ANCIENS

Provenant d'une

GRANDE BIBLIOTHÈQUE

THÉOLOGIE

I. — BIBLE ET SES COMMENTAIRES.

1. — Biblia. In-8, v. f. (*Rel. ancienne*).

MANUSCRIT DU XIIIᵉ AU XIVᵉ SIÈCLE sur peau de vélin très fin ou vélin d'agneau. — Ecriture gothique très menue et très nette à 2 colonnes. Grandes initiales peintes au minium et au bleu d'outremer. — Le volume est malheureusement incomplet de plusieurs feuillets.

2. — La sainte Bible en françois, translatée selon la pure et entière traduct. de Sᵗ Jérôme. *Anvers, pour Ant. De La Haye*, 1541, in-fol., goth., fig. s. bois à mi-page, v. f.

Edition rare. — L'exemplaire a des raccommodages et des mouillures.

3. — La sainte Bible conten. les livres de l'Anc. et du Nouv. Testament : nouv. version franç. par Ch. Le Cène. *Amsterd.*, 1741, 2 vol. in-fol., v.

4. — Compendium graecum Novi Testamenti, authore J. Leusden. *Ultrajecti*, 1677, pet. in-8, v. f.

Aux armes de Legoux de la Berchère, archevêque de Narbonne.

5. — Fratris Hieron. Savonarole de Ferrariis ordin. Predicatorum expositio in Psalmos. *Parisiis, Badius Ascensius, s. a. (circa 1520).* — Fructuosa Urbani IV pape expositio in Psalmum L, Miserere mei Deus. *Parisiis, Badius et Joannes de Prato,* 1519. — Ens. 2 opusc. pet. in-8, dérel.

1

6. — Paraphrase ou déclarat. sur tous les Psalmes de David, trad. de Fr. Panigarole par Jacq. Durand, docteur en théologie. *Lyon, J. Roussin*, 1595, pet. in-12, vél.

7. — Si patientiam, si modestiam, si constantiam in tribulationibus, infirmitatibus et adversis, si denique celibem ac beatam vitam ducere cupis, librum Beati Job Ydumei sive Arabici legito... (In fine ;) *Liber Beati Job Arabici regis Hedon nunc Parisiis per Anthon. Bonemere exaratur pro magistro Petro Baquelier cive Gratianopolitano, anno eterne reparationis millesimo quingentesimo octavo* (1508). Pet. in-8, gothique de 32 ff. chiffrés, dérel.

> Opuscule très rare, imprimé pour P. Baquelier, de Grenoble.

8. — Questiones Evangeliorum tam de tempore quam de Sanctis collecte per R. P. Johann. de Turrecremata episcopum Sabinensem. *Impresse Romæ, per magistrum Johannem Scheurener de Bopardia*, 1477. Pet. in-fol., lettres rondes, cart.

9. — Theophylacti archiepisc. Bulgariæ in IV Evangelia enarrationes, denuo recognitæ, Joa. Œcolampadio interprete. *Coloniæ*, 1528, pet. in-8, rel. en bois av. plats estampés.

10. — Car. Rovilli Samarobrini, de raptu divi Pauli libellus. *Parisiis, Colinaeus*, 1531, pet. in-8, dérel.
— La grande Bible renouvellée des Noëls nouveaux. *Troyes, J. Garnier* (1736), pet. in-8, dérel.
— Ensemble 2 vol.

II. — LITURGIE. — CONCILES. — DISCIPLINE
ECCLÉSIASTIQUE. — MANDEMENTS.

11. — Missa apostolica sive divinum sacrificium S. Apostoli Petri. *Antverpiæ, Chr. Plantinus*, 1589, in-8, v. (*Aux armes de Lejay, évêque de Cahors*).
— Les anciennes liturgies ou la manière dont on

a dit la Messe dans chaque siècle. *Paris*, 1704, in-8, v. — Ens. 2 vol.

12. — Joa. Steph. Durantus. De ritibus ecclesiæ catholicæ. *Romæ, typogr. Vaticana*, 1691, in-fol., v.

13. — De antiquis Monachorum ritibus, studio et cura Edm. Martene monachi congregat. S. Mauri. (Tomus I). *Lugduni*, 1690, in-4, v.

Aux armes de l'abbaye de Maizières en Berry.

14. — Homiliæ in Evangelia. — Antiphone et responsoria per anni circulum. — Gros vol. in-16, v.

Manuscrit du XVe siècle sur vélin fin d'Italie. — Manquent les premiers ff.

15. — Hore Beate Marie Virginis secundum usum Romanum. (A la fin :) *Ces présentes Heures a lusage de Romme furent achevées le XV jour de juillet l'an M. CCCC. IIII. XX et XVII (1497).* Pet. in-8, fig. sur bois et entourages historiés, v. br., fil. à compart., plats ornés, tr. dor. (*Reliure du XVIe siècle*).

Imprimé sur vélin. Ces Heures non citées dans le *Manuel du Libraire* de Brunet, sont de Jehan Jehannot, imprimeur, dont la marque se voit sur le titre. Pour plus de détails voir le catalogue Valère Martin (no 33) où ce livre d'heures est décrit pour la première fois, et le catalogue de la librairie Morgand dans lequel la marque de l'imprimeur jusqu'ici inédite se trouve reproduite.

16. — Les quinze effusions du sang de Nostre Sauveur et redempteur Jesuchrist. *Imprimé à Paris par Jehan Le Blanc, imprimeur, pour Pierre Ricouart, libraire. S. date.* — Les quinze oraisons S. Brigide. *S. l., n. d.* — Le Mirouer de la Passion Notre Seigneur. *S. l., n. d.* — S'ensuyvent les Heures du précieux et très sacré Saint Sacrement de l'autel. *S. l., n. d.* — La vie de Madame Saincte Marguerite, vierge et martyre. *S. l., n. d.* — Etc... Ens. 6 pièces, pet. in-8, goth., fig. s. bois, dérel.

Opuscules de dévotion que l'on trouve ordinairement joints à des livres d'Heures du xvie siècle.

17. — Propositions, dictz et sentences contenans les

graces, fruictz, proffiitz, utilitez et louanges du tres sacré et digne sacrement de l'autel pour ceulx qui le recevent en estat de grace, extraictz de plus. sainctz docteurs. *A Paris, chez Joland Bonhomme (Marque de Thielman Kerver,* sur le titre), 1556, pet. in-8, gothique, fig. s. bois, dérel., tr. dor.

> Opuscule très bien conservé. On y trouve à la suite diverses parties non énoncées au titre, parmi lesquelles on remarque : *Le voyage et raisons du Mont de Calvaire de Romans en Daulphiné*, en prose et en vers.

18. — Pericopæ Evangeliorum quæ usitato more in præcip. festis legi solent, expositæ per Joh. Brent. *Francof.*, 1557, fig. s. bois à mi-page. — De Pœnitentia et iis quæ ad Pœnitentiam agendam necessaria sunt, homiliæ XXV. *Halæ Suevor.*, 1544, 2 ouv. en 1 vol. in-8, rel. en peau de truie.

19. — Graduale romanum, in-4, mar. n. av. fermoirs, tr. dor. — Proprium de tempore, in-8, cart. — Ens. 2 vol.

> MANUSCRITS DU XVIIIᵉ SIÉCLE. — La musique est rehaussée d'ornements et de lettres en couleurs.

20. — L'Office de la quinzaine de Pâques, latin-franç. pour la maison de Mᵍʳ le duc d'Orléans. *Paris,* 1755, in-8, mar. rouge, dent., tr. dor. (*Reliure ancienne aux armes de la maison d'Orléans*). — Le Psautier de David trad. en françois. *Paris*, 1684, in-8, mar. r., fil., tr. dor. (*Rel. ancienne*).

21. — Nova collectio Conciliorum, Steph. Baluzius Tutelensis in unum collegit. *Parisiis,* 1683, in-fol., v. br.

> Tome premier, seul paru.

22. — Concilium Duziacense I anno Domini DCCC LXXI celebratum : cum aliis Hincmari utriusque opusculis, Lud. Cellotius edidit. *Parisiis*, 1658, in-4, vél. — Decreta et statuta synodi diocesanæ Namurcensis. *Bruxellæ*, 1660, in-4, vél. — Ens. 2 vol.

23. — Tractatus de Summi Pontificis auctoritate,

aut. Le Jau Canonico Ebroicensis. *Ebroicis, typ.
Le Marié*, 1622, in-8, mar. rouge, fil., dos et plats
ornés, tr. dor.

24. — Taxæ Cancellariæ apostolicæ. *Sine nota (sed
Romæ, Euch. Silber, circa* 1490), pet. in-4. dérel.
— Tractatus de aqua benedicta editus per Reve-
rend. patrem domin. Joh. de Turrecremata cardi-
nalem. *Sine nota (circa* 1480), pet. in-4, dérel.
(*Cette dern. pièce ne paraît pas complète*). —
Ensemble 2 pièces, pet. in-4.

25. — Magnum Bullarium Romanum, ab Leone Ma-
gno usque ad Clementem X. *Lugduni*, 1673, 5 vol.
in-fol., bas.

26. — Querela Senonensis Ecclesiæ de primatu Galliarum adversus Lugdunensem et de metropolitico
jure adversus Parisiensem, auth. J. B. Driot.
Senonis, L. Prussurot, 1657, pet. in-8, v.

27. — Recueil de mandements (1752-1760) sur les matières du temps, in-4, dem.-rel. v.
      MANUSCRIT d'une bonne écriture.

28. — Mandements et Instructions pastorales. 1746-
1814. Dossier d'environ 50 pièces in-4, dérel.
      Mandements des évêques de Limoges, Rennes, Amiens, Poitiers,
      Chambéry, etc., sur les victoires de Napoléon, etc.

III. — PÈRES DE L'ÉGLISE. — THÉOLOGIENS
DEPUIS LE MOYEN AGE JUSQU'A NOS JOURS.

29. — S S. Patrum qui temporibus Apostolicis flo-
ruerunt Barnabæ, Clementis, Ignatii, Polycarpi,
opera, vera et supposititia, cum notis J. B. Cote-
lerii. *Amstel.*, 1724, 2 vol. in-fol., v.

30. — Homélies de St Basile sur l'Hexaméron, mises
de grec en franç. par Jean de St François, religieux
feuillantin. *Paris*, 1616. in-8, vél., tr. dor.

31. — Les Catéchèses de S. Cyrille de Jérusalem, av.

des notes et des dissertations dogmat., par J. Gran-
colas. *Paris*, 1715, in-4, v.

Aux armes du collège Mazarin.

32. — Eusebii Pamphilii Cæsariensis opera omnia.
Basileœ, 1542, in-fol., bas.

33. — Optati Afri, Milevitani episcopi, de schismate
Donatistarum, adversus Parmenianum, cum pre-
fat. Fr. Balduini. *Parisiis*, 1563. — Hist. du
schisme, blasphèmes, erreurs, sacriléges, incestes
et autres impiétez des Donatians, escrit par Optat
et mise en franç. par P. Viel, doct. en théol. *Paris*,
1564, in-8, v.

34. — S. Gregorii Nazianzeni cognomento theologi,
opera, cum interpret. F. Morelli. *Antverpiœ*, 1612,
in-fol., v. — S. Bernardi Clarevallensis opera
omnia, edid. Joan. Picard, Can. St Victoris. *Parisiis*, 1623, in-fol., v.

35. — S. Irenaeus episcopus Lugdunensis contra omnes hæreses; textum græcum restituit, cum notis
J. Grabe. *Oxoniæ*, 1702, in-fol., v.

Armoiries sur les plats. — Rel. fatiguée.

36. — B. Hilarii Pictavensis provinciæ Aquitaniæ
episcopi ex opere historico fragmenta, nunquam
antea editi ex bibliotheca F. Pithæi; ejusd. P. Pithæi vita. *Parisiis*, 1598, pet. in-8, vél. n., tr. dor.
— Fulberti Carnotensis episcopi antiquissimi opera
varia cum notis per Car. de Villiers. *Parisiis*, 1608,
pet. in-8, v., ornem. à fr. — Liber florum B. Ber-
nudi abbatis Clarevallensis. *Parisiis, Pigouchet*,
1513, pet. in-8, goth. à 2 col. v. (*Titre remonté*). —
Ens. 3 vol.

37. — Sulpitii Severi de vita Martini Turon. arch.;
tractatus B. Odonis abb. Cluniacensis et rever-
sione B. Martini Turonensis ex Burgundia; vita
S. Gregorii Turon. archiep.; ejusdem opus in gloriam
Juliani martyris Turonensis. Ejusdem epistola ad

B. Sulpitium Bituricensem archiep. *Parisiis, J. Parvus*, 1511, in-4, cart. (*Piqué*).

38. — Opera Luitprandi subdiaconi Toletani, Ticinensis diaconi tandem Cremonensis episcopi quæ extant et chronicon. *Antverpiæ*, 1640, in-fol., vél.

39. — S. Thomæ Aquinatis Secunda Secundæ. *Parisiis, Francisc. Regnault*, 1518, in-4, goth., rel. du temps en bois recouv. de v. gaufr. avec semis d'abeilles, attributs que l'on trouve sur les reliures du roi Louis XII. — Meditationes et Confessiones D. Augustini. *Sine nota* (*sed Venetiis, Oct. Scotus*, 1483), in-4, goth., v. antiq., dent. — Ens. 2 vol.

40. — Opus preclarissimum Epistolarum devotissimi beatissimique Bernardi primi Clarevallensis abbatis. *Exaratum Parisiis, anno 1494.* — Opus egregium Beatissimi Bernardi amplectens Sermones. *Iisdem typis* (1494), 2 tom. en un vol. in-4, goth., à 2 col. — Liber Florum B. Bernardi abbatis Clarevallensis. *Impressum solerti opera Philippi Pigoucheti impensis communibus ejusdem et Durandi Gerleri*, 1499, pet. in-4, gothique, rel. en bois. — Ens. 2 vol.

> Par suite d'une erreur typographique ce dernier volume porte la date de 1099 en chiffres arabes ; c'est 1499 qu'il faut lire.

41. — Incipit liber primus Johannis Gerson cancellarii Parisiensis de Imitatione Χρι et de contemptu omnium vanitatum mundi. *Johannis Gerson cancellarii Parisiensis de contemptu mundi libri quatuor, una cum tractatu de meditatione cordis felici numine finiunt.* Pet. in-4, dem.-rel.

> MANUSCRIT DE LA FIN DU XVe SIÈCLE sur papier, exécuté à 2 colonnes d'une petite écriture cursive, avec nombr. abréviations. — La provenance : *Ex bibliotheca Coelestinorum juxta Meduntam*, se lit au haut de la première page.

42. — Joh. Nider Cordiale Quatuor Novissimorum. et tractatus de Morali lepra. *Coloniæ, Conradus*

de Homborch, sine anno (circa 1480), pet. in-4, dérel.

Le volume contient en outre le premier cahier du *Manuale Confessorum* de Nider.

43. — Summa Magistri Johannis de Sancto Geminiano ordinis Fratrum Predicatorum de exemplis et similitudinibus rerum. *Impressa (Basileæ) per magistros Johannem Petri de Langendorff et Johann. Froben de Hammelburg Basiliensis_ urbis cives,* 1499, in-4, goth. à 2 col., rel. en bois, recouv. de v. br. avec fleurs de lys estampées à fr. sur les plats.

44. — Manipulus Curatorum. (In fine :) *Liber qui Manipulus Curatorum inscribitur editus a peritissimo viro domino Guidone de Monte Rocherii... finit feliciter, anno Dni millesimo quingentesimo quinto* (1505). *Venundatur Pictavis, apud domum impressorum commorantium prope sanctum Hylarium de la Celle.* Pet. in-8, gothique, rel. en ais de bois.

Edition très rare et non citée imprimée à Poitiers. La marque des imprimeurs : Jean Bouyer et Guillaume Bouchet accompagnée de leurs monogrammes, se voit sur le titre. — Quelques petites taches et mouillures.

45. — Fundamentum eterne felicitatis cum libro de miseria conditionis humane (ab Innocentio papa tertio). *Colonie, per Martinum de Werdena prope domum Consulatus in vico burgensi (vel die Burgstraes) commorantem impressus,* 1506, pet. in-8, gothique. — Autoritates notabiles de castitate et moribus. *Impressum Colonie, per me Joh. Landen,* 1506, pet. in-8, goth. — Ens. 2 vol. dérel.

46. — Traités de théologie imprimés à Lyon à la fin du xvᵉ ou au commencement du xviᵉ siècle. — 3 opuscules pet. in-8, goth., dérel.

Confessionale B. Thome de Aquino. *Noviter impressus in civitate Lugdun. per Barnabam Chaussard, S. a.* — Speculum aureum anime peccatricis. *Lugd., impressus per Barnabam Chaussard, S. a.* —

Tractatus corporis Christi quomodo sacerdotes se debeant habere erga eucharistiam consecrandam, etc. *Sine nota (sed iisdem typis).*

47. — Traités curieux de théologie, la plupart imprimés en caractères gothiques. — 9 vol. in-8 et in-4.

Dyalogus Anthonii Fornerii Cuciacensis de peccato originali et conceptione intemerate Virginis Marie. *Impressum Parisiis per Magistrum Anthon. Denidel. S. a.* (circa 1500), pet. in-8, goth., dérel. — Secundum legem, debet mori. *Lugduni, Barnabas Chaussard,* 1523, pet. in-8, goth., dérel. -- Liber eruditionis Religiosorum. *Parisiis, arte et impensis Nic. Roussel impressus,* 1513, pet. in-8, goth., vél. — Martyrologium, Vita Sanctorum. *Argentinæ, Matth. Hupffuff,* 1516, pet. in-4, goth., dérel. — Summa virtutum et vitiorum perfigurata. *Impressioni castigatissime traditum per Mich. Lesclencher,* 1519. pet. in-8, goth , v. gaufr. — Summa de Confessione cognominata Pacifica. *Sine nota* (fig. s. bois sur le titre), pet. in-8, dérel. — Etc., etc.

48. — Mélanges de théologie, de philosophie et autres, 7 vol., imprimés en lettres gothiques, complets et incomplets, la plupart déreliés.

Voragine. Legenda Sanctorum (édit. du xvᵉ siècle). Incomplet. Infol., rel. en bois. — Modus confitendi. *Paris, Jehan Petit, s. d.,* pet. in-8 (*incomplet*). — Philosophia Alberti Magni. *Brixiæ, Presbyter Baptista de Farfengo,* 1493. — Solinus de Memorabilibus Mundi. *Venetiis,* 1493, in-4, cart. — Mantuani opera varia. *In alma universitate Coloniensi, apud Predicatores,* 1500, in-4, rel. en peau de truie. — Grapaldus de partibus ædium. *Venetiis,* 1517 (incomplet), etc...

49. — Chantepleure d'eau vive, Penitentiale irriguum fosil de pénitence (par Jehan Coignet). *Paris, Didier Maheu,* 1537, 2 part. en un vol. in-8, goth., fig. s. bois et musique notée, dérel., tr. dor.

Livre très curieux ; l'exemplaire est malheureusement incomplet de son titre. Un exemplaire complet s'est vendu récemment dans une vente publique de province plus de 200 francs.

50. — Mémorial de Sᵗ Charles Borromée, évêque de Milan. In-fol. v.

Manuscrit d'une bonne écriture, av. *l'ex-libris de Mgr. Belzunce,* évêque de Marseille.

51. — Obra de las epistolas y oraciones de la bien aventurada Virgen Sancta Catherina de Sena de la Orden de los Predicadores, las quales fueron traduzidas del Toscano en nuestra lengua Castellana por mandado del muy illustre y reverendissimo

1.

senor el Cardenale d'Espana, arcobispo de la Sancta Yglesia de Toledo. *Fuero imprimidas en la sa villa de Alcala de Henares por el honrrado Arna. Guillem. de Brocar*, 1512, in-fol., goth., parch.

Première traduction de Ste Catherine de Sienne en espagnol. — Volume rare.

52. — Brieve response à certaine epistre de **Fr. Perurcelli**, par laq. il s'efforce révoquer quelques gentilzhommes d'ouïr la Messe, par J. de Pruvetis, théologien. *Paris*, 1563, in-8, dérel.

53. — Le réveille-matin des ministres de la religion prétendue réformée, contenant certaines demandes pour les réveiller du sommeil qui les a saisis, par J. Cristi, chanoine à Nantes. *Paris*, 1599, pet. in-8, dérel.

54. — Le Franc Archer de la vraye Eglise, contre les abus et énormités de la fausse, par Ant. Fusi, curé de St-Barthélemy à Paris. *S. l., aux despens de l'autheur*, 1619, in-8, vél.

55. — Marie Auguste, ou Cabinet des grandeurs de la mère de Dieu, par Ferry de Locres, pasteur de S. Nicolas en Arras. *Arras, Bauduin*, 1617, in-8, vél.

56. — L'Anti-Moine bien préparé, ou défense du livre de M. l'evesque de Bellay, par B. C. O. D. *S. l.*, 1622, pet. in-8, dérel.

57. — La Sauce Robert ou avis salutaires à M. Jean Robert, grand archidiacre de Chartres (par J.-B. Thiers) et pièces diverses. — In-4, v. fauve, fil.

Manuscrit du XVIIe siècle.

IV. — SERMONNAIRES.

58. — Quadragesimale fratris Joh. Gritsch ordinis Fratrum Minorum, doctoris eximii... *Impressum et continuatum cum Dei adjutorio per Johann.*

Zeiner de Rutlingen, anno 1476, gr. in-fol., goth. à 2 col., rel. du XVIe siècle avec ais de bois.

59. — Sermones S. Vincentii fratris ordinis Predicatorum de Tempore. *In felici Colonia pervigili cura correcti et impressi,* 1487, 2 tom. en un vol. in-fol., gothique, à 2 col., rel. du temps en bois, recouv. de v. br.

60. — Sermones S. Vincentii Ordinis Predicatorum de Sanctis. *Lugduni, Joh. Moilin alias de Cambray,* 1513, pet. in-8, goth., fig. s. bois s. le titre, parch.

61. — Sermones floridi de tempore Magistri Leonardi de Utino... *Impressit solertissimus vir Magister Johannes Trechsel Alemannus in civitate Lugdunensi anno* 1496, pet. in-4, goth. à 2 col., dem.-rel.

62. — Rosarium sermonum predicabilium ad faciliorem predicantium commoditatem noviter compilatum (per religiosum fratrem Bernardinum de Bustis, ordinis Seraphici Francisci de Observantia). *Lugduni, Joh. Cleyn Alemannus,* 1513-1507, 2 vol. in-4, goth. à 2 col., v.

Bien que ces deux volumes soient sortis de la même imprimerie et soient exécutés avec les mêmes caractères, le 1er volume porte la date de 1513, et le second celle de 1507.

63. — Anciens sermonnaires des XVe et XVIe siècles. 7 vol. in-8 et in-4, rel.

Mich. Menoti, perpulcher tractatus in quo tractatur perbelle de federe et pace ineunda media ambassiatrice penitentia. *Parisiis, Claud. Chevallon,* 1519. — Menoti sermones quadragesimales. (Manque le titre). — Pelbart de Themeswar. Pomerium sermonum de B. Virgine. *Impressum Parisiis, per Joh. Bienayse,* 1517. — Iidem sermones. *Haguenaw, H. Gran.* 1504. — Bonifac. de Ceva. Sermones de Adventu. (*Sans titre*). — Gabr. de Barcleta sermones. *Lugduni,* 1507. (*Manque le titre*). — Sermones dormi secure (Rich. de Maidstone). *Impressum Parisiis, in suburbiis S. Germani de Pratis per Petr. Levet, Joh. Barbier et Franc. Foucher,* 1503. (*Titre mutilé*).

64. — Rever. Patris Fratris Roberti Messier, Ordinis Minorum, super Epistolas et Evangelia totius Qua-

dragesime Sermones. *Parisiis, Claud. Chevallon*,
1524, pet. in-8, goth., dem.-rel.

Robert Messier-figure au nombre des prédicateurs populaires de
l'école des Maillard et des Barelete, cités par Antony Méray dans ses
Libres Prêcheurs. — Belle conservation.

V. — HISTOIRE ECCLÉSIASTIQUE. — ORDRES RELIGIEUX.

65. — Eusebii Pamphili Ecclesiastica historia, ejusd.
vita imp. Constantini, Henr. Valesius adnotat. il-
lustravit. *Parisiis*, 1678, in-fol., v.

66. — Historia Patriarcharum Alexandrinorum, Jaco-
bitarum a D. Marco ad finem sæculi XIII, collecta
ex autoribus arabicis et aliis (ab Eusebio Renau-
dot). *Parisiis*, 1713, in-4, v.

67. — Brevis notitia Italiæ, Hispaniarum, Galliarum,
Belgii, Germaniarum ex actis Sanctorum Januarii
et Februarii vulgatis ab Joan. Bollando et God.
Henschenio, soc. Jesu. *Antverpiæ*, 1658, in-8, vél.

Exemplaire de Baluze, à lui donné par les auteurs, selon cette mention
écrite de sa main sur le titre : « *Ex dono auctorum qui illam An-
tuerpiâ Tolosam ad me miserunt anno M.D.C.LIX.* »

68. — Synopsis primi sæculi Societ. Jesu, proponebat
Jacob. Damianus. *Tornaci*, 1641, in-fol., v.

Armes de la ville de Tournai sur les plats.

69. — Cronologia overo Istoria Serafica della Pro-
vincia Osservante di Corsica divisa in tre libri,
composta dal R. Padre P. della Croce, di Rostino.
Lucca, 1718, pet. in-4, dérel. (*Rare*).

70. — Recueil de pièces et documents religieux. In-4,
vél.

Instruction de l'évêque de Meaux (J.-B. Bossuet) sur les Etats d'oraison. *Paris*, 1695. (*Edition originale*). — Instruction pastorale de
l'archev. de Cambray. 1697.— Lettre pastorale de l'évêque de Chartres.
1698. — Procès-verbal de l'Assemblée des évêques de la province de
Toulouse. 1699. — Procès-verbaux des assemblées d'Alet, Sens, Normandie, etc. 1699. — Mandements des évêques de Meaux, Noyon, etc.,
contre l'Explication des Maximes des Saints, par l'archev. de Cambray,
1699. — Etc.

71. — Catalogue des confrères et sœurs de la confrairie du St-Rosaire érigée d. l'église paroissiale de cette ville d'Antibes. 1710, in-fol., vél.

MANUSCRIT d'une bonne écriture, continué plusieurs années après la date indiquée au premier feuillet.

VI. — HAGIOGRAPHIE.

72. — Ludolphi R. P. de Saxonia ordinis Carthusiani vita D. N. Jesu Christi ; adjicitur vita S. Annæ matris Mariæ, à P. Dorlando Carthusiano. *Lugduni*, 1642, in-fol., v. f.

Aux armes du Parlement de Normandie.

73. — Ludolphe le Chartreux. Le grant Vita Christi, translaté de latin en franç. par Guill. Le Menand, des Frères Mineurs, de l'Observance... *Imprimé à Paris pour Anth. Vérard, libraire à la rue Notre-Dame. S. d. (vers* 1500), 2 vol. in-fol., gothique, fig. s. bois, rel. en bois.

Raccommodages et mouillures.

74. — De gloria et gaudiis Beatorum. *Venetiis, Simo Papiensis dictus Bevilaqua*, 1501, pet. in-4, v. br.

75. — Catalogus Sanctorum et gestorum ex diversis voluminibus collectus, editus a Rev. Petro de Natalibus de Venetiis Dei gratia Episcopo Equilino. *Lugduni, Jac. Sacon*, 1519, in-fol., goth. à 2 col., v.

Ce volume est orné de 245 figures gravées sur bois.

76. — Opus aureum quod Legenda Sanctorum vulgo nuncupatur... *Impensis honestorum virorum bibliopolarum Henr. Savore, Joa. Mareschal et Constant. Fradin, opera et industria Bened. Bonnyn (Lugduni)*, 1531, pet. in-fol., goth. à 2 col., nombr. fig. s. bois, v.

Quelques mouillures et soulignures.

77. — Opus aureum quod Legenda Sanctorum vulgo nuncupatur. *In edibus Nicol. Petit et Heet. Penet*

consortium (*Lugduni*), *impressa*. 1535, pet. in-
fol., goth., nombr. petites fig. s. bois, v. br.

Edition curieuse ; quelques soulignures et mouillures.

78. — Le Journal des Saints, où sont représentez
leurs images, par le P. J. Grosez, de la Comp. de
Jésus. *Lyon*, 1700, 2 vol. format d'agenda, in-8, v.

79. — Vita S. Udalrici Augustanorum Vindelicorum
episcopi. *Aug. Vindelic.*, 1697, in-4, vél.

80. — Historia monogramma sive pictura linearis
Sanctorum Medicorum et Medicarum in expeditum
reducta breviarium ; adjecta est series nova sive
auctarium de Sanctis præsertim Galliæ qui ægris
opitulantur certosque percurant morbos, item pre-
ces pro rege, regina et regia prole in sacello Facul-
tatis ante consultationes Charitalis, authore Guill.
Du Val Pontæsiano. *Parisiis*, 1643, pet. in-4, dérel.

81. — L'excellence de la dévotion au Cœur de Jésus-
Christ, av. le mémoire qu'a laissé de sa vie la
Mère Marguerite Alacoque. *Lyon*, 1743, in-4, v.

VII. — PROTESTANTISME. — JUDAÏSME.

SECTAIRES.

82. — Discussions théologiques et pièces originales
du commencement de la Réforme. — 6 opuscules
in-4, dérel.

Adversus nugacem F. Mathei Hiscoldi Benedictini in Epistolas Jo.
Udalrichi Schulheer de Buoch, verissima de Lipsica disputatione epis-
tola exegetica. *Liptsk*, 1519. — Ad Cesaream regiamque majestates
Tuberinus suus cum privilegio capellanus contra falsas Luteri positio-
nes. *S. l.*, 1524. — De pœnitentia Petri archiepisc. Alexandrini, de Si-
monia Gennadii patriarchæ, de ligandi et solvendi potestate, etc., Jo.
Æcolampadio interprete. *Basileæ* (*circa* 1520). — Ain Spyegel der
Blinden.— Fürhalltung XXX artigkel... *Munchen, Hanssen Schobsser*,
1525. — Bruder Mich. Styfel Augustines von Esszlingen von der
Christfermingen rechtgegrundten leer doctoris Martini Luthers ain
überaus schon Kunstlich Lied sumpt seyner nebën ausslegung. In bruder Veyten Thou. *S. l.*, *n. d.* (*vers* 1525).

83. — Institution de la religion chrétienne, par Jean Calvin, av. les passages de l'Ecriture exposés en l'Institution, recueill. par A. Marlorat. *Genève, Stoer*, 1609, in-fol., v.

Avec les portraits gravés sur bois de Calvin et de Marlorat.

84. — Manuel ou briève description de l'Eglise Romaine, par M. C. M. D. E. (Cottier, ministre du Saint-Evangile, à Tours). *Saumur, Lesnier*, 1653, in-4, vél.

85. — P. Ricii Talmudica novissime in latinum versa. *Augustæ Vindelicor.*, 1519, in-4, couv. en pap.

86. — Tela ignea Satanæ, hoc est arcani et horribiles Judæorum advers. Christum Deum et Christianam religionem libri anecdoti ; sunt vero : R. Lipmanni carmen memoriale ; liber Nizzachon vetus autoris incogniti ; acta disputationum R. Jechielis cum quodam Nicolao ; acta disputationis R. Mosis Nachmanidis cum fratre Paulo Christiani et fratre Raymundo Martini ; R. Isaaci liber Chissuk Emuna ; libellus Toldos Jeschu (hebraicè et latinè); Joh. Christ. Wagenseilius ex Europæ Africæque latebris erutos in lucem protrusit. *Altorfii Noricor.*, 1681, 2 vol. in-4, mar. rouge, fil., tr. dor.

Bel exemplaire, dans une reliure ancienne très bien conservée.

87. — Præadamitæ sive exercitatio super versibus X et XIV capitis V Epistolæ D. Pauli ad Romanos quibus inducuntur primi homines ante Adamum conditi (auctore Isaaco La Pereire). *Anno salutis (Amstelodami, Lud. Elzevir)*, 1655. — Animadversiones in librum Præadamitarum (auctore Philippo Le Prieur). *S. l. (Amstelod., L. Elzevir)*, 1656. — 2 tom. en un vol. pet. in-12, vél. de Holl.

JURISPRUDENCE

I. — DROIT ECCLÉSIASTIQUE OU CANONIQUE.

88. — Formularius in jure ecclesiastico seu collectio bullarum et epistolarum Pontificalium et Episcopalium. *Absque nota (sed Memmingæ, typis Alb. Kunn de Düderstadt, circa 1475), in-fol., rel. en bois. (Rel. du temps).*

Livre très rare. — Le titre ci-dessus n'existe pas dans l'imprimé. Nous l'avons pris d'après une ancienne inscription gothique sur la vieille couverture du xvᵉ siècle et d'après un titre inscrit au xviiiᵉ siècle sur le dos du livre. — Le volume débute par un feuillet blanc ; vient ensuite une table à 2 colonnes, avec la signature *q 2* intitulée : *Taubla* (sic) *huius libri*. Cette table se compose de 5 ff. imprimés, formant une feuille complète par trois avec le feuillet blanc préliminaire. Vient ensuite un autre feuillet blanc précédant le texte proprement dit qui commence au 2ᵉ feuillet recto, est imprimé à longues lignes et commence par le mot *Absolutio*, avec la signature *a 2*, au bas de la page. Le texte se poursuit par cahiers disposés par 4 et quelquefois par 3 ff. doubles, pour finir au recto du cahier *p* qui est par 3 et se termine par les mots *anno quarto*. Une ancienne pagination manuscrite compte 119 feuillets pour le texte, ce qui ferait 126 feuillets avec la table et les feuillets blancs, pour tout le volume. — Sur la garde, à l'intérieur, l'ex-libris de la bibliothèque de l'abbaye de Polling, en Bavière.

89. — Aurea et pene divina abbatis Siculi qui Panormitanus est vulgo appellatus Consilia et questiones variæ. *Lugduni, J. Sacon,* 1512, 4 part. en 1 vol. gr. in-fol., gothique, v. gaufr.

90. — Jurisprudence. — 4 vol. in-8, rel.

Contrarietates seu diversitates inter jus civile et canonicum, item casus penitentiales per dominum Hieronym. de Zanetinis. *Lugduni, Jac. Myt,* 1515, pet. in-8, goth., rel. en bois. — Jurisprudentia vetus Draconis et Solonis Pardulpho Prateio Augustobuconiate (d'Aubusson) collectore. *Lugduni,* 1559, in-8, vél. — Commentaria Joa. Constantini curiæ Parlamenti Burdegalen. advocati. *Parisiis,* 1546, pet. in-8, v. — Rhetoricæ forensis enchiridium in gratiam Advocatorum Tolos. *Tolosæ, ex officina Guidonis Boudevillæi, academiæ Tolosanæ typographi,* 1552. — Etc.

91. — Expositiones sive declarationes omnium titulorum juris tam civilis quam canonici per Seb. Brant. *Lugduni, Steph. Maillet,* 1540. — Summa perutilis et valde necessaria Do. Goffredi de Trano super titulis Decretalium. *Impressa in edibus magistri Joannis Moylin alias de Cambray impressorie officine prefecturam exercentis in inclita civitate Lugduni, sumptibus honesti viri Romani Mori ejusd. civitatis bibliopole*, 1519. — 2 ouvr. en un vol. in-8, goth. à 2 col., v. m.

92. — Les Remonstrances faictes au roy Loys unze, av. les privilèges de l'Eglise gallicane et la forme et l'assemblée des Trois Estats en la ville de Tours. *Paris*, 1561, pet. in-8, vél.

93. — De jure abbatum et aliorum prælatorum, tam regularium quam secularium episcopis inferiorum auth. D. Ascanio Tamburinio de Marradio, monacho Vallis Umbrosæ. *Lugduni*, 1640, 3 vol. in-fol., rel. en bois, v. estampé sur les plats.

94. — Mémoire pour servir à l'établissement de la juridiction des abbez généraux de Cluny. *Paris*, 1706, in-fol., dérel.

95. — Recueil de pièces sur les parties casuelles. 1576-1636, pet. in-8, vél.

> Série de 35 pièces : Edits, déclarations et arrêts relatifs aux taxes des Offices, redevances annuelles, droits de cession, etc.

II. — DROIT CIVIL.

Législation et droit coutumier. — Histoire de la magistrature. Edits et arrêts. — Plaidoyers et mémoires judiciaires.

96. — Coustumes de Beauvoisis, par Messire Philippe de Beaumanoir, bailly de Clermont, Assises du royaume de Jérusalem, par Jean d'Ibelin, avec notes par Thaumas de la Thaumassière. *Bourges*, 1690, in-fol., v.

97.. — Recueil d'édits, déclarations, ordonnances, arrêts et règlemens concernans la manutention de l'ordre public et judiciaire, fait pour l'usage et l'utilité particulière de la ville et du bailliage de Magny (en Vexin). Année 1765, in-8, v.

Manuscrit du XVIIIe siècle d'une bonne écriture courante, plein de renseignements sur les diverses juridictions de Magny.

98. — Le grant coustumier du pays et duché de Normandie... *Imprimé à Caen par Laurens Hostingue demourant audit lieu devant la tour au Landoys pour Michel Angier et Jehan Macé*, 1510, pet. in-fol., gothique, v. br.

Fortes mouillures et piqûres de vers.

99. — Coustumes du pays de Normandie, anciens ressors et enclaves d'iceluy. *Caen, Jacques Mangeant*, 1596, in-16, vél.

100. — Consuetudines generales Bituricensium, Turonensium ac Aurelianensium presidatuum cum fertilissimo glossemate a Dom. Nic. Boerii in curia Parlamenti Burdegalens. præside, Joa. Sainson, ac Pyrrho Englebermæo. *Parisiis, F. Regnault,*1529, in-4, goth., v. br.

Le texte des susdites Coustumes est en français ; les commentaires par Nic. de Boërio, J. Sainson et Engleberme sont en latin. — Bon état de conservation.

101.— Dilucida explicatio Consuetudinis Burgundiæ. Pet. in-fol., dérel.

Manuscrit du commencement du XVIIe siècle, composé de 237 pages.

102. — Coustumes générales des pays et duché de Bretaigne, nouvellem. réformées et publiées en la ville de Nantes. *Rennes et Nantes, Philippe Borgoignon*, 1540. (*Le bas des prem. ff. endommagé par l'humidité ; quelques notes de texte manquent dans les pièces liminaires*). — Ordonnances royaulx sur le faict, ordre et stille de plaider par escript en ce pays et duché de Bretaigne. *Imprimé à Rennes par Jehan Georget, imprimeur pour Jehan Lermangier*, 1540. — Ordonnances royaulx sur le faict de la justice et abréviation des procès en ce pays et duché de Bretaigne. *Imprimé à Rennes par Jehan Georget, impri-*

meur pour Georges Cleray, libraire. (1539). —
Instructions et articles pour l'abbréviation des
procès que la Cour entend et ordonne par provision
estre gardées jusques à ce que par le duc en ayt
esté aultrement ordonné. *Rennes, Thomas Mes-*
trard, 1540. — Etc. — En 1 vol. pet. in-4, gothique,
dem.-rel.

103. — Coutumes générales du pays et duché de Bretagne et usemens locaux de la mesme province, av.
les procez-verbaux des réformations. *Rennes ,*
Vatar, 1745, 2 vol. in-4, v.

104. — Les us et coutumes de la Mer, av. un traité
des termes de marine. *Rouen,* 1671, in-4, v. — Le
petit flambeau de la mer ou le véritable guide des
pilotes côtiers, par Bougard. *Le Hàvre, Faure,*
1763, in-4, vél.

105. — Tractatus politico-juridicus de ligno et lapide
quo præcipuam juris forestalis partem, materiam,
arborum plantationis, conservationis, dominii, etc.,
lignorum rutorum, cœsorum ac juris gratiæ, fodi-
narum itidem metallicarum, etc., congessit Phil.
Helfr. Krebs. *Coloniæ, Francof. et Bonnæ,* 1756,
in-4, v. f.

106. — Praxis rerum criminalium, elegantissimis
iconibus, ad materiam accommodis illustrata, authore D. Damhouderio. *Antverpiæ, J. Bellerus,*
1554, in-4, v.

> Nombreuses figures sur bois. L'une d'elles, qui manque souvent, re-
> présente la scène d'un viol. — Titre lacéré.

107. — Traité de l'adultère, par Fournel. *Paris,* 1783,
in-12, dem.-rel. v. —. Joa. Seldeni Uxor Ebraïca
seu de nuptiis et divertiis. *Londinis,* 1646, in-4, v.

108. — Essai sur la symbolique du droit, par Chas-
san. *Paris,* 1847, in-8, br.

109. — Leges Suecorum Gothorumque per doctorem
Ragualdum Ingemundi ecclesiæ archidiaconum Ub-
salensis, latinitate primum donatæ nunc autem

pristino tenori et candori relictæ curâ Joh. Messenii. *Stockholmiæ*, 1614, pet. in-4, v.

110. — Etablissement du Parlement de Paris. In-4, v.

MANUSCRIT DU XVIIe SIÈCLE, d'une bonne écriture.

111. — Etat de la Magistrature. Année 1788. *Paris*, 1788, in-8, br.

112. — Table raisonnée des registres du Parlement de Paris, rédigée par titres, chapitres et paragraphes, selon l'ordre de l'alphabet, des temps et des matières, depuis 1254 jusques à présent. (1655), in-fol., v., fil.

MANUSCRIT DU XVIIe SIÈCLE, d'une bonne écriture. Les pièces mentionnées y sont souvent analysées ou copiées.

113. — Extrait des lettres patentes des Roys enregistrées au Parlement, dep. 1462 jusq. 1481 (volume 2). In-fol., v.

MANUSCRIT DU XVIIe SIÈCLE embrassant les années 1462-1474. Armes et chiffres d'ACHILLE III DE HARLAY sur les dos et plats.

114. — Arrêts sur la navigation de la rivière de Loire. *Orléans, Eloy Gibier*, 1569-1578, 4 pièces pet. in-8, dérel.

115. — Edit du Roy sur l'ordre que Sa Majesté veut être observé en la distribution de ses finances. *Paris*, 1627, pet. in-8, dérel.

Création des charges de trésoriers-payeurs de la vénerie, fauconnerie, argenterie, etc.

116. — Edits et arrêts de l'année 1627. Dossier de 20 pièces pet. in-8, dérel.

Edit du roi créant des offices de lotisseurs de cuirs. — Déclaration du roy pour le rétablissement de tous les Ordres du royaume. — Requête des receveurs des tailles. — Arrêt portant que les cabaretiers et marchands de vin seront contraints au payement des taxes. *S. l.*, 1627. — Etc.

117. — Arrêt de la Cour de Parlement par leq. défenses sont faites aux Jésuites et à l'évêque du Mans d'exécuter leur contract de vente du collège. *S. l.*, 1631, pièce pet. in-8, dérel.

118. — Arrêt du Conseil d'Etat par lequel le roy dé-

clare n'avoir entendu comprendre dans son Edit d'août 1669 la justice de Châtellerault et autres, tenues par Mademoiselle. 1674, in-fol.

> MANUSCRIT DU XVIIe SIÈCLE, suivi de copies d'actes concernant la ville de Châtellerault.

119. — Recueil des règlements faits pour l'usage du papier et parchemin timbrez, par Denizet. *Paris*, 1715, in-12, v.

120. — Arrêts et mémoires judiciaires relatifs au théâtre et à la musique. 1742-1792. Dossier de 6 pièces in-4.

> Arrêt maintenant aux tablettiers le droit de fabriquer des instruments de musique. 1742. — Mémoire contre la dame Vestris. 1784. — Mémoire pour Ramponneau, contre Gaulon, bateleur. 1760. — Mémoire pour le théâtre des Variétés contre les comédiens français. 1785. — Mémoire de Cailhava contre les comédiens français. 1791. — Précis pour les comédiens contre les sieurs Dugazon et Talma. 1792. — Etc.

121. — Plaidoyers de Mre Loys Servin. *Paris*, 1602, in-8, vél. — Plaidoyez de Mre Simon Marion, baron de Druy. *Paris*, 1629, in-8, vél. — Remonstrances et arrêts faits aux ouvertures de plaidoyries par Jacq. de Gassion, président en la Cour du Parlement de Navarre. *Paris*, 1630, in-8, vél. (*Mouillures*). — Ens. 3 vol.

122. — Divers opuscules tirez des Mémoires de Mre Ant. Loisel, advoc. en Parlement, auq. sont joints quelq. ouvrages de J.-B. Du Mesnil et de Mre P. Pithou, le tout recueilly par Cl. Joly. *Paris*, 1656, in-4, vél.

> On trouve à la fin de ce volume un Dialogue biographique sur les avocats parisiens du XIIIe au XVIIe siècles.

123. — Mémoires judiciaires. 1757-1762, in-4, dem.-rel. v. f.

> Mémoires pour l'évêque de Soissons contre les Juifs Lévy, et réponses. — Mémoires pour le marquis de Erosses contre sa femme. — Etc., etc.

124. — Recueil de mémoires sur les affaires de Dupleix, gouverneur de Pondichéry, et sur les diffé-

rends du sieur de Bussy avec la compagnie des Indes. *Paris*, 1763-1764, in-4, dem.-rel. v.

125. — Mémoire pour la demoiselle Le Riche, de Vandy, nièce et exécutrice testamentaire de Le Riche de la Pouplinière, fermier-général, contre la veuve Le Riche (par Gerbier). *Paris*, 1764, in-4, dérel.

 Curieux mémoire sur les mésaventures conjugales de l'homme *à la cheminée*.

126. — Recueil de Mémoires sur l'affaire du Collier. *Paris*, 1786, in-4, dem.-rel.

 Réunion de dix-huit Mémoires, avec portraits et la gravure du célèbre Collier.

SCIENCES ET ARTS

I. — PHILOSOPHIE. — VIE CIVILE. — GOUVERNEMENT.

127. — Remonstrances de Basile, empereur des Romains, à son fils, suivies par acrostiche et mises de grec en franç. par exprès commandement du roy Louis XIII, par le sieur de Fleurance-Rivault. *Paris, Estienne*, 1646, in-8, v., fil. — De varia Aristotelis in Academia Parisiensi fortuna, auctore J. de Launoy. *Lutetiæ*, 1653, in-8, dérel. — Ens. 2 vol.

128. — Liber de Mysteriis Jamblici Chalcidensis ex Coele-Syria. *Oxonii*, 1678, in-fol., v.

129. — Les œuvres de Philon, juif, conten. l'interprétat. de plus. divins et sacrez mystéres, mise de grec en franç. par P. Bellier. *Paris*, 1598, in-8, vél.

130. — Vorm Gebüre und Billicheit der Romers Marci Tullii Ciceronis drei Bücher an seinen Sün Marcum ausz latin in teutsch verwandelt. *Frankfurt am Meyn, Egenolff*, 1525, in-fol., nombr. fig. sur bois, parch. (*Mouillures*).

131. — Margarita philosophica nova (auctore Conr. Reisch). *Argentorati, Joh. Gruninger,* 1512. — Appendix Mateseos in Margaritam philosophicam, Grecarum litterarum institutiones, Hebraicarum litterarum rudimenta, musicæ figuratæ institutiones, architecturæ et perspectivæ rudimenta, etc. *Complectum est hoc opus per vivum industrium Joannem Gruninger ex Argenterato* (sic) *veteri, pridie Kalendas Junii,* 1512, 2 tom. en 1 vol. in-4, gothique, fig. sur bois, dem.-rel.

> Edition très rare et fort curieuse, donnée par Philesius des Vosges ; le traité de Perspective est tiré du livre de Viator, qui venait d'être imprimé à Toul, en Lorraine, et reproduit quelques-unes de ses gravures. On remarque à la fin du volume l'ouvrage du chanoine Gaultier Lud. de St-Dié, intitulé : « *Declaratio speculi orbis compositi a Gualtero Lud, canonico Deodatensi.* »

132. — Dialogus de Entelechia spiritus Martini Cuneatis. *Parisiis, Chr. Wechel,* 1543, très pet. in-4, couv. en pap.

> Ce petit volume a fait partie de la bibliothèque des d'Urfé. Sur le titre on lit le nom d'Antoine d'Urfé, abbé de la Chaise-Dieu : « *Ant.. Urfei abbatis Case-Dei,* 1592 » ; plus bas la mention suivante : *Ex libris Honorati d'Urfé.* 1600.

133. — L'Andragrypnieandrypne (*sic*) à très noble et vertueux gentilhomme Claude de Bonay, dict de Vornas, abbé de Septfons *Paris,* 1613, pièce pet. in-8, couv. en pap.

> Pièce très rare, signée : *Vostre très affectionné serviteur A. de Boyer, gentilhomme Vivarois.* — Il est question de considérations philosophiques et hyperboliques, absolument inintelligibles. C'est plutôt une œuvre à classer dans la *littérature des fous.*

134. — Les Méditations métaphysiques de Descartes, touch. la première philosophie. *Paris,* 1661, in-4, v. — L'homme, de R. Descartes, et la formation du fœtus, avec des remarques de L. de la Forge. *Paris,* 1677, in-4, fig., v.

135. — Ombre idéale de la sagesse universelle, par le P. François-Marie, Capucin. *A Paris, chez M*lle *Sablier, sœur du P. François-Marie,* 1679. Placard gravé, in-fol. en hauteur.

136. — Recueil de pièces in-4, v.

Vinc. Panurgi epistol. de tribus Impostoribus, ad clariss. J.-B. Morinum. *Parisiis*, 1654. — Mélanges manuscrits sur diverses matières philosophiques, médicales, etc.

137. — Académie françoise, en laq. il est traité de l'institution des mœurs et de ce qui concerne le bien et heureusement vivre en tous estats et conditions, par P. de La Primaudaye, seign. dud. lieu et de La Barre. *Paris*, 1580, in-8, vél.

138. — La civile conversation du Sr Est. Guazzo, gentilh. Montferradois, trad. d'ital. en franç. par F. de Belleforest, Commingeois. *Paris*, 1579, in-8, v.

139. — Vindiciæ contra tyrannos, sive de principis in populum, populique in principem, legitima potestate auth. Steph. Junio Bruto, id est Huberto Languetio. *Edimburgi (Basileæ)*, 1579, pet. in-8, v.

140. — Le grand Thrésor des thrésors de France, contenant tous les deniers que Leurs Majestez ont levez et despendu, depuis trente et un ans, qui est un préparatif pour payer les dettes du roy et recouvrer tous les deniers qui ont esté dérobez à Sa Majesté (par Nic. Fromenteau). *S. l.*, 1581, 2 tom. en 1 vol. in-8, vél. (*Mouill.*).

141. — Anti Mariana ou réfutation des propositions de Mariana, pour montrer que les princes souverains ne dépendent que de Dieu (par Roussel). *Paris*, 1610, in-8, vél.

142. — Pierre de touche politique, tirée du Mont de Parnasse, où il est traité des gouvernements des monarchies, trad. en franç. de l'italien (par L. Giry, de l'Acad. franç.). *Paris*, 1626, pet. in-8, vél.

Transposition dans la préface et dans la table.

143. — Projet d'une dixme royale qui, supprimant la taille et autres impôts onéreux, produirait au roy un revenu certain, par le maréchal de Vauban. *S. l.*, 1708, in-8, v.

144. — Projet de paix perpétuelle. *S. l.* (1712), 2 vol. in-8, v. f.

Cette édition de l'ouvrage de l'abbé de Saint-Pierre, imprimée en gros caractères, n'a pas été rendue publique. Elle n'a été tirée que par épreuves et à quelques exemplaires seulement. Le censeur ne l'autorisa pas et l'abbé de St-Pierre fut obligé de modifier sa rédaction pour pouvoir faire paraitre son ouvrage qui fut imprimé dans le format in-12. — Cet exemplaire contient des corrections et additions de la main de l'auteur. Il n'y a aucun titre. Le titre de départ de chaque volume n'existe même pas en imprimé. Il est fait à la main et les premières lignes du toxte sont également manuscrites, de sorte que l'ouvrage serait inintelligible et commencerait au milieu de la page et au milieu d'une phrase, si l'abbé de St-Pierre n'avait eu soin d'y suppléer lui-même.

II. — MATHÉMATIQUES. — ASTRONOMIE.
SCIENCES EXACTES.

145. — Geometria speculativa Thomæ Bravardini recoligens omnes conclusiones geometricas studentibus artium et philosophiæ Aristotelis valde necessarias, simul cum quodam tractatu de quadratura Circuli noviter edito. *Parisiis, Reg. Chauldière,* 1530, pet. in-fol., avec fig. géométr. gr. sur bois, cart.

Traité de géométrie fort rare et dont on connaît à peine quelques exemplaires. Feu M. Chasles, qui l'avait signalé le premier, considérait son exemplaire comme unique.

146. — Preclarum summi in astrorum scientia principis Alchabitii opus ad scrutanda stellarum magisteria isagogicum, pristino candori nuperrime restitutum ab excell. doctore Ant. de Fantis Tarvisino, cum castigatissimo Joannis de Saxonia commentario. *Venetiis, in œdib. Petri Liechstenstein,* 1521, pet. in-4, gothique, vél.

147. — Astronomie et astrologie. — 3 vol. in-fol.

Spheræ tractatus Joa. de Sacro Busto Anglici, Gerardi Cremonensis theoricæ Planetarum veteres ; Georgii Purbachii theoricæ Planetarum novæ ; Prodoscini de Beldomando Patavini super tractatu sphærico commentaria ; Joannis de Monte Regio disputationes contra theoricas Gerardi ; Roberti Linconiensis episcopi tractatus de sphæra ; Barthol. Vesputii glossulæ in plerisque locis spheræ, ejusd. oratio de laudibus astrologiæ ; Lucæ Gaurici questio numquid sub Æquatore sit habitatio :

ejusd. oratio de inventoribus et laudib. astrologiæ ; Alpetragii Arab.
theorica Planetarum nuperrime latinis mandata literis à Calo Calonymos
Hebreo-Neapolitano, et alia. *Impressum in urbe Veneta orbis et
urbium regina, ex calcographica L. Ant. Juntæ Florentini officina.*
1531, in-fol., v. br. *(Reliure fatiguée ; parfaite conservation inté-
rieure).* — Albohazen Haly filii Abenragel scriptoris Arabici de
judiciis astrorum libri octo ; access. compendium duodecim domorum
cœlestium authore P. Liechtenstein. *Basileæ*, 1571, in fol., vél. — Joh.
Garcæi Astrologiæ methodus. *Basileæ*, 1576, in-fol., dérel.

148. — L'usaige de l'Astrolabe, avec un traicté de la
sphère, par Dominique Jacquinot, Champenois.
Paris, 1545, in-8, fig. sur bois, v., tr. dor. (*Mouill.
et piq.*).

149. — Les astres de Borbon et apologie pour le soleil, montrant que les apparences qui se voyent
de la face du soleil sont des planètes et non des taches, par J. Tarde, chanoine de Sarlat. *Paris*, 1623,
in-4, fig., v. (*Rare*).

150. — Uranologion, sive systemata variorum au-
thorum qui de sphæra ac sideribus, eorumque mo-
tibus græcè commentati sunt, cura et studio Dion.
Petavii, Aurelianensis e Soc. Jesu. *Lutetiæ*, 1630,
in-fol., v., plats fleurdelysés, fil. (*Aux armes de
France*).

151. — Novæ cœlestium, terrestriumque rerum ob-
servationes et fortasse hactenus non vulgatæ a
Franc. Fontana specillis à se inventis et ad sum-
mam perfectionem perductis editæ. *Neapoli*, 1646,
pet. in-4, titre gravé et curieuses figures d'observations astronomiques, vél.

152. — Theses opticæ et astronomicæ. Has propu-
gnabunt J. B. Thioly, Petrus Taillandier, Lugdu-
nenses, in aula collegii Soc. Jesu, anno 1693.
(*Lugduni*), *Valfray* (1693), in-fol., vél.

> Bel exemplaire d'un volume rare. Il est orné de vignettes embléma-
> tiques et astronomiques, dessinées par Sevin et gravées par Ogier,
> Lyonnais

153. — Nouv. traité de la pluralité des mondes, par
Huyghens. *Paris*, 1702, in-12, v.

154. — Cy est enseigné et démonstré le Kalendrier et Compost des Bergiers, auquel sont adioustez plusieurs nouvelles augmentations et corrections tout autrement qu'il n'estoit par avant. *On les vent à Rouen a prix compétent chiez Raulin Gaultier demourant en la rue du grant pont pres l'enseigne du fardeau, sans date (vers 1520),* pet. in-4, gothique, nombr. fig. s. bois, recouv. en velours.

> Edition fort rare et non citée. — L'exemplaire est malheureusement incomplet de la fin et dans le cahier S.

155. — Le grand calendrier et compost des bergers, composé par le berger de la grande montagne, av. le Comput réformé du pape Grégoire XIII, comme doit se gouverner le berger pour qu'aucuns sorciers ne fassent mourir leurs troupeaux.*A Troyes, chez Garnier, rue du Temple,* pet. in-4, nombr. fig. s. bois.

> Nombreuses figures sur bois. — Le privilège est daté de 1705.

156. — Cunr. Dasipodii Heron mechanicus, seu de mechanicis artibus atque disciplinis ; ejusdem horologii astronomici Argentorati in summo templo erecti descriptio. *Argentorati, excudeb. Nic. Wyriot,* 1580, pet. in-4, fig. s. bois sur le titre représentant l'horloge de la cathédrale de Strasbourg, vél.

157. — L'Horloge du laboureur, ou méthode de connaître l'heure de la nuit à l'aspect des étoiles, dédié à M. Gérard, député. *Paris,* 1791, in-4, avec une gravure en couleurs, br. — Remède universel pour les pauvres gens et leurs bestiaux. *Paris,* 1680, in-4, bi.

158. — Le petit flambeau de la mer, ou le vérit. guide des pilotes côtiers, où est enseigné la manière de naviguer le long des côtes de France, d'Angleterre, Espagne, Malte, Corse, etc., par Bougard. *Le Hàvre, chez Gruchet,* 1731, pet.in-4, vél.

159. — Fl. Vegetii Renati viri illustris de·re militari libri IV, J. Frontinus de strategematis, Ælianus de instruendis aciebus, etc. *Parisiis, Wechel.*, 1553, in-fol., grandes fig. s. bois, v., fil.
> Armoiries sur les plats.

160. — La Pyrotechnie ou l'art du feu, auq. est amplement traitté de toutes sortes et diversité de minières, fusions et séparations des métaux, des formes et moules pour getter artilleries, cloches, etc., composé par Vanochio Biringucio, et trad. d'ital. en franç. par Jacq. Vincent. *Paris*, 1556, in-4, fig. s. bois, vél. (*Mouillé*).

III. — SCIENCES PHYSIQUES ET NATURELLES.

AGRICULTURE. — JARDINAGE.

161. — Prodigiorum ac ostentorum Chronicon quæ præter naturæ ordinem, motum et operationem et in superioribus et his inferioribus mundi regionibus ab exordio mundi usque ad hæc nostra tempora acciderunt. *Basileæ, Henricus Petri*, 1557, pet. in-fol., nombr. fig. s. bois, v. f.

162. — Discours sur le vuide, sur les expériences de M. Paschal (Bl. Pascal), et le traicté de M. Pierus, auquel sont rendues les raisons des mouvements des eaux, de la génération du feu et des tonnerres, de la violence et des effects de la poudre à canon, etc., etc., par J. Guiffard, agrégé au collège de Rouen. *Rouen, Jacq. Besongne*, 1648, in-8, vél.
> Rare.

163. — De re metallica Georg. Agricolæ Chemnicensis medici, libri XII, in quibus officia, instrumenta, machinæ, ac omnia denique ad metallicam spectantia. *Basileæ*, 1667, in-fol., nombr. fig. s. bois, v.

164. — Le Mercure Indien ou le trésor des Indes, dans leq. est traité de l'or et du vif argent, par P. D. R. (P. de Rosnel). *Paris*, 1667, in-8, v., fil.

165. — Curiosités naturelles. — 3 vol. in-8 et in-4, rel.

> P. Servii Spoletini dissertatio philologica de Odoribus. *Romæ*, 1641, pet. in-8, mar. r. (*Rel. ancienne*). — Sacrorum olæo chrismaton Myriothecium in quo quiquid ad nomina, antiquitatem, usum et abusum oleorum et unguentorum ex sacris habetur litteris, auctore Fortunato Scacche. *Romæ*, 1625, in-4, vél. — Discorso del Alicorno dell' eccellente medico et filosopho M. Andrea Bacci, nel quale si tratta della natura dell' Alicorno et delle molte sue virtu. *Fiorenza*, 1582, pet. in-8, cart.

166. — Hist. des singularitez naturelles d'Angleterre, d'Escosse et du pays de Galles, trad. de Childrey par M. (Briot). *Paris*, 1668, in-12, v.

167. — Œuvres de Bernard Palissy, revues sur les exemplaires, avec des notes par Faujas de St Fons et Gobet. *Paris*, 1777, in-4, v. f.

168. — Commentaires tres excellens de l'hystoire des plantes, composez en latin par Léonard Fousch, médecin, nouvellem. trad. en langue franç. par un homme sçavant (Maignan). *Paris*, *J. Gazeau*, 1549, in-fol., nombr. fig. sur bois, vél. vert. (*Mouillures*).

> Exemplaire de Huzard.

169. — De Plantis a Divis Sanctisve nomen habentibus a Joh. Bauhino Montisbelgard. medico. *Basileæ*, 1591, pet. in-8, cart. — Prosp. Alpini de plantis Ægypti liber. *Venetiis*, 1592, in-4, fig., v. — Ens. 2 vol.

170. — Les douze livres de L. Junius Moderatus Columella, des choses rusticques, trad. de latin en franç. par feu maistre Cl. Cottereau, chanoine de Paris. *Paris, Jac. Kerver*, 1551, in-4, v.

171. — Le Livre des Prouffitz champestres et ruraulx touchant le labour des champs, vignes et jardins pour faire puys, fontaines, citernes, maisons et aultres ediffices... jadis composé par Maistre Pierre des Crescens, etc. *Imprimé nouvellement à Paris par la veufve de feu Michel Le*

Noir, 1521, pet. in-fol., gothique, nombr. fig. s. bois, vél.

Quelques ff. courts en tète.

172. — Libro de los Secretos de Agricultura, casa de Campo y Pastoril traduzido de lengua Catalana en Castellano por Fr. Miguel Agustin prior del Temple de la fidelissima villa de Perpinan del libro que el mesmo autor saco a luz el ano 1617, y agora con addicion del quinto libro y otras curiosidades y un vocabulario de seys lenguas. *Impresso en Perpinan, en casa de Luys Roure librero*, 1626, in-4,v.

173. — Hortorum secreta, cultus, et auxilia, amœnæ voluptatis et inenarrabilis utilitatis abundè plena, aut. A. Mizaldo Monluciensi, medico. *Lutetiœ*, 1575, in-8, vél. — Le jardinier solitaire, conten. la méthode de cultiver un jardin (par Besnier, de Tours). *Rouen*, 1788, in-12, v. — Ens. 2 vol.

174. — Instruction pour les jardins fruitiers et potagers, par de La Quintinye. *Amsterd.*, 1692, 2 tom. en un vol. in-4, fig., v.

175. — Jardins anglo-chinois et divers. *Paris, Lerouge*, 1766, 2 vol. in-4, montés sur onglets, dem.-rel., v.

IV. — SCIENCES MÉDICALES.

176. — Textus Mesve, doctorum celeberrimorum artis Peoniæ cognomina ; canones universales D. Mesve ; Grabadin ejusd. Mesve ; additio P. Apponi medici in librum J. Mesve ; antidotarium Nic. Cophonis (et alia). *Lugd., B. Bounyn*, 1539-40, pet. in-8, gothique, v. f. — Thesaurus Pauperum quem non pauci Joanni quondam Pontifici maximi attribuant, tametsi non desint qui eum Petri Hispani esse dicant. *Lugduni, Ant. Blanchard pro Barthol. Troth*, 1530, pet. in-8, goth., dérel. — Ens. 2 vol.

177. — Nic. Leonicensis medici varia. — En un vol. in-4, v.

> Nic. Leonicensi medici clarissimi contra obtrectatores apologia. *Venetiis, Jac. Pentius de Leucho, impensis D. Thome Juncte Florentini,* 1522.— De tribus doctrinis ordinatis secundum Galeni sententiam. — Galeni ars medicinalis interprete Nic. Leoniceno. — Galeni in aphorismos Hippocratis Nic. Leoniceno Vicentino interprete ars parva, therapeutica, de potentiis naturalibus, de virtute formativa, de crisibus, de inæquali intemperatura. *Codicem hunc per impressionem representavit Bernardinus Vitalis Venetus, anno Domini 1524, die 18 januarii ex Venetiis.*

178. — Les fleurs et secretz de Médecine, trad. du lat. en françois par Maistre Raoul du Mont-Verd. *Nouvellem. imprimées (à Troyes, par Jehan Lecoq, vers* 1520), pet. in-8, gothique, fig. s. bois, parch.

> Volume rare ; l'exemplaire est *non rogné*, mais malheureusement en mauvais état ; les dern. feuillets sont rongés dans la marge et il manque quelques lettres de texte.

179. — Hier. Fracastorii Veron. de sympathia et antipathia rerum, de contagione. *Lugduni, Jul. Gazeïus,* 1550, in-16, v. — Math. Curtii, Papiensis Anatomeæ commentarius doctus. *Lugduni, Th.Paganus,* 1551, in-16, v.

180. — Deux livres des Venins, ausq. il est amplement discouru des bestes venimeuses, thériaques, poisons et contre-poisons, par Jac. Grevin, de Clermont en Beauvoisis. *Anvers, Plantin,* 1568.— Les œuvres de Nicandre, médecin et poète grec, par Jacq. Grevin. *Anvers, Plantin,* 1567, 2 part. en un vol. in-4, fig. s. bois, vél.

> Volume rare. — Mouillures et raccommodages.

181. — Erreurs populaires au fait de la médecine et régime de santé, par Laurent Joubert, docteur. *Avignon, P. Roux,* 1586, in-16, vél. — Pharmacopée de M. Laur. Joubert, profess. en médecine à Montpellier. *Lyon, J. Huguetan,* 1592, in-16, vél.

182. — Méthode nouv. de guérir les catarres, par Jacques Duval, natif d'Evreux. *Rouen,* 1611, in-12, v.

> Portrait de l'auteur au verso du titre.

183. — Mélanges de médecine. 10 vol. in-12, rel.

Severini Pinæi Carnutensis chirurgia, opusculum. *Parisiis*, 1597. — Questions naturelles, par Boilly. *Paris*, 1628. — Albertus Magnus de secretis mulierum. *Amstel.*, 1760. — Tractatus de Virginitate, per H. Kornmannum. *Coloniæ*, 1765. — Etc.

184. — P. Paw, in academia Lugduno-Batava anatomici et botanici professoris primitiæ anatomicæ de humani corporis ossibus. *Lugd. Batavor.*, *ex offic. Justi à Colster*, 1615, pet. in-4, fig. sur cuivre, v.

On remarque sur le titre de ce volume une figure en taille-douce représentant la Mort jouant du tambour et une troupe de squelettes sonnant de la trompette pour appeler les trépassés au jugement dernier. — Cette composition macabre est une copie de la Danse des Morts d'Holbein.

185. — Thèses médicales passées à Strasbourg en 1620-1622. In-4, v.

Recueil factice de thèses latines comprenant : 1° 12 pièces imprimées à Strasbourg, toutes relatives aux soutenances *De Purgatione*. — 2° Trois thèses soutenues en 1609, à Montpellier, par Etienne Bacquet de Champlitte et Nicolas Legrin, de Troyes. — 3° Cinq thèses imprimées à Bâle de 1613 à 1615.

186. — Franc. Citesii decani Facult. medici Pictaviensis, opuscula. *Parisiis*, 1639, in-4, v.

On trouve à la page 241 l'*Advis sur les moyens de se préserver de la peste*, remis par Citois à Richelieu.

187. — De humana Physiognomonia, libri J. Bapt. Portæ, Neapolitani. *Rothomagi*, 1650, in-8, fig. s. bois, v. (*Rel. fatig.*).

188. — De Alimentorum facultatibus, aut. Melch. Sebizio, med. doct. *Argentinæ*, 1650, in-4, vél.

189. — Miscellanea curiosa medico-physica academiæ naturæ curiosorum. *Lipsiæ*, 1670-1673, 2 vol. in-4, v.

190. — L'Anatomie de l'homme suivant la circulation du sang, par Dionis. *Paris*, 1705, in-8, v. — L'Art des accouchemens démontrés par des principes de physique, par A. Levret. *Paris*, 1761, in-8, v., fil., tr. marbr.

191. — Peste de Marseille en 1720. Lot de 12 vol. et brochures.

Observations sur la maladie contagieuse de Marseille, par Chicoyneau. *Lyon*, 1721, in-12, v. — Histoire de la peste de Marseille. Aix et Arles. *Paris*, 1722, in-12, v. — Dissertation sur la peste. *Toulouse*, 1724, in-8, dem.-rel., v. — Pièces sur la peste. *Marseille*, 1820, 2 vol. in-8, dem.-rel., v. — De la peste, par Papon. *Paris, an VIII*, 2 vol. in-8, br. — Etc.

192. — Thèses médicales soutenues en l'Université de Pont-à-Mousson de 1617 à 1768. — 3 vol. in-4, dem.-rel., v.

Importante réunion de plus de 300 thèses, affiches, avis, programmes de la Faculté. Tous ont été soutenus, émis, présidés par des enfants de la Lorraine et du Barrois. Ces trois volumes forment un ensemble précieux à consulter pour l'histoire médicale, typographique et littéraire des provinces de l'Est.

193. — Thèses médicales soutenues et passées à Nancy, 1769-1791. — 6 vol. in-4, dem.-rel., v.

Suite et complément du numéro précédent, ce recueil, d'environ 300 pièces, paraît avoir été formé par le même amateur. — Cet article pourra être réuni au précédent s'il en est fait la demande.

194. — Thèses médicales soutenues aux écoles de Montpellier, Paris et à l'étranger au XVIII° siècle. — Maladies du bétail, etc. — Dossier de 25 pièces in-4.

195. — Epidémies. — Lot de 18 volumes et brochures.

Observations sur les maladies épidémiques, par Lepecq. *Paris*, 1776, in-4, dem.-rel., v. — Description des épidémies qui ont régné à Paris. *Impr. Royale*, 1783, in-8, br. — Recherches sur les épidémies qui ont régné à Nantes, par Leborgne. *Nantes*, 1852, in-8, br. — Le choléra à Commercy. 1855, in-8. — Documents sur la peste de 1348, par Michon. *Paris*, 1860, in-8, br. — Etc.

196. — Responsa medica de probatione, facultate et usu acidularum ac fontium Schwalbaci susurrantium à celeberrim. aliquot medicis ad Helvicum Dietericum archiatrum Darmstadinum scripta. *Francofurti, Matth. Merian*, 1631, pet. in-4, titre gravé représentant les diverses manières d'administrer les eaux et grande vue de Schwalbach, vél.

Volume rare sur les eaux de Schwalbach.

197. — Kurze Beschreibung Gesund-Brunen welche
bey der in den Furstenthum Weimar unweit stadt
Rastenberg neulich entsprungen durch Joh. Adam
Zapf. *Frankfurt und Leipzig,* 1697, pet. in-4,
front. gr., couv. en pap.

> Etablissement de bains à Rastenberg (duché de Weimar). — Le fron-
> tispice représente la manière dont on prenait les bains à cette station
> thermale au XVIIe siècle.

V. — SCIENCES SECRÈTES.

198. — De Visionibus et revelationibus naturalibus
et divinis, nunc primum editus per Joan. Benedic-
tum. *Moguntiæ, F. Behem,* 1550, pet. in-8, dérel.

199. — La Chiromance de Tricasse, Mantouan. *Paris,* 1561, pet. in-8, v. — Commentarius de præci-
puis generibus divinationum, auct. F. Peucero.
Witterbergœ, 1560. — Apologie pour les grands
hommes soupçonnez de magie, par G. Naudé. *Paris,* 1669, in-12, v. — Ens. 3 vol.

200. — Repetitio disputationis de Lamiis seu Strigi-
bus in qua plene, solide et perspicue de arte earum
potestate itemque pœna disceptatur, authore Thoma
Erasto. *Basileæ, Petr. Perna* (1577), pet. in-8, vél.

201. — Dæmonolatreïæ libri tres, Nic. Remigii Lo-
tharingi. *Francof.,* 1597, pet. in-8, vél.

> Volume rare et intéressant pour l'histoire de la sorcellerie en Lor-
> raine au XVIe siècle.

202. — Magiæ omnifariæ vel potius universæ naturæ
theatrum in quo a primis rerum principiis arcessita
disputatione universa spirituum, incantationum
natura, etc., explicatur auctore D. Strozzio Cico-
gna. *Coloniæ,* 1605, in-8, cart.

203. — Les œuvres de Belot, curé de Mille-Monts,
professeur aux sciences divines, contenant la Chiromance, Physionomie, l'art de mémoire de Lulle;
traités des divinations, augures et songes, etc.
Lyon, 1649. — L'œuvre des œuvres ou le plus par-

fait des sciences stéganographiques, par J. Belot. *Lyon*, 1649. En un vol. in-8, vél.

204. — Géomance astronomique de Gérard de Crémone, pour savoir les choses futures, trad. par le Sr de Salerne. *Paris*, 1669, in-12, v. — Magica de spectris et apparitionibus spirituum, de vaticiniis, Divinationibus. *Lugd. Batav.*, 1656, pet. in-12, v. — Ens. 2 vol.

205. — Magicarum disquisitionum libris ex, quibus continetur accurrata curiosarum artium et vanarum superstitionum, auth. Mart. Del-Rio. *Coloniæ Agrip.*, 1657, in-4, v.

    Reliure aux armes de France ; prix de l'ancien collège de Clermont, aujourd'hui Louis-le-Grand, décerné à Et. Hersant, en 1676.

206. — Tractatus de fascinatione novus et singularis, in quo fascinatio vulgaris profligatur, naturalis confirmatur, et magica examinatur, aut. Johan. Christiano. *Norimberge*, 1675, in-4, vél.

207. — La physionomie naturelle et la chiromancie de Barth. Coclès, de Boulogne, doct. en médecine. *Rouen*, 1698, in-12, fig., dem.-rel., mar. n.

208. — La Clavicule de Salomon, av. figures astrologiques, in-4, vél. vert.

    Manuscrit du xviiie siècle provenant de la bibliothèque de Montmerqué.

209. — Curiosités naturelles, in-4, v.

    Manuscrit du xviie siècle contenant : Le jardin des richesses de Georges Aurach, trad. de l'allemand en français. — Livre de la fontaine périlleuse, par Jean de Ferrières, vidame de Chartres, etc.

210. — Secrets chymiques. — 3 part. en un gros vol. in-4, v.

    Manuscrit du xviiie siècle, composé d'environ 1,000 pages.

VI. — ARCHITECTURE. — BEAUX-ARTS. — MUSIQUE. ÉQUITATION. — JEUX. — CUISINE. — COSTUME.

211. — Vitruvii M. Pollionis de architectura cum commentariis D. Barbari patriarchæ Aquileiensis. *Venetiis*, 1567, in-fol., fig., v.

212. — Franc. Marii Grapaldi de partibus ædium dictionarius... *In urbe Argentina per industrium Joa. Pryss, in œdib. Lustri vulgo zum Thiergarten*, 1508, pet. in-4, cart.

213. — Il terzo libro de Sebast. Serlio Bolognese, nel qual si figurano, e descrivono le antiqua di Roma. *Venetia*, 1540, in-fol., v. (*Rel. fatig.*).

Edition originale de ce livre de Serlio.

214. — Architecture. 4 vol. in-8, cart.

An historical survey of the ecclesiastical antiquities of France. *London*, 1811. — An history of the origin and establishment of gothic architecture, by Hawkins. *London*, 1813. — Discourses upon architecture of England, by Dallaway, *London*, 1833. — History of the architecture of the Abbey Church of St-Alban, by Buckler. *London*, 1847.

215. — Description du mausolée érigé à St-Denis pour les obsèques de Louis XV, sur les dessins de A. Challe. *Paris*, 1774. — Description du mausolée érigé à St-Denis pour les obsèques de la reine, sur les dessins de Challe. *Paris*, 1768, in-4, fig., br.

216. — Catalogue des tableaux du cabinet du roy au Luxembourg. *Paris*, 1750. — Lettre de M. Massé sur la mort de M. Coypel, 1752. — Lettre sur le Salon de 1769, par B. *Paris*, 1769, etc. — Dossier de 7 broch. in-12.

217. — Explicat. des peintures, sculptures et autres ouvrages de MM. de l'Académie royale, dont l'Exposition a été donnée par S. M, pour durer un mois. *Paris*, 1750, 1765, 1767, 1771, 1777. — Ensemble 5 livrets pet. in-8, dont 4 br. et le dernier rel. en mar. r., dent., tr. dor. (*Reliure ancienne*).

218. — Portraits des peintres les plus célèbres des écoles italienne, flamande et française, par d'Argenville. — Suite de 167 portraits tirés à part, en premières épreuves, avec notices manuscrites et indications de leurs tableaux qui se trouvent au Musée du Louvre. In-8, vél. vert, fil., dent., tr. dor.

Exemplaire tiré à part de la *Vie des Peintres* de d'Argenville pour le chevalier d'Aguesseau. — Le volume porte les armes du chancelier sur les plats; il figure sous le n° 5,402 (page 255) de son catalogue imprimé. — Les notices manuscrites ont été ajoutées depuis, vers le commencement du siècle.

219. — P. H. de Valenciennes, amateur, peintre du Roi et de son académie Royale de Peinture et Sculpture. *J. M. Moreau, delin.*, *A. de St-Aubin, sculp.*, 1788. — Planche gravée originale, aucune épreuve du portrait.

220. — Histoire des célèbres amateurs italiens et de leurs relations avec les artistes. par Dumesnil. *Paris*, 1853, in-8, br.

221. — Omnia Alciati Andreæ emblemata, cum commentariis per Claud. Minoem. *Parisiis*, 1618, in-8, vél. (*Mouill.*).

222. — Livres avec figures sur bois plus ou moins incomplets. — 7 vol., différ. formats, rel. et dérel.

> Amadis de Gaule. Septième livre. *Paris*, 1546. — Fratre Roberto. Quadragesimale. *Venetia*, 1514. — Litro di Agricultura di Crescentio di Bologna. *Venetiis*, 1495. — Doctrinal de Sapience ; gothique. — Jardin de Santé; gothique. — Suite de figures de légendes des Saints, tirées d'un livre gothique espagnol. — Etc.

223. — Capitano de Baroni. *Jac. Callot, in. et fec.* (vers 1640), in-8, br.

> Suite originale de 24 pl. L'exemplaire est fatigué et mouillé.

224. — Les Misères et les Mal-heurs de la guerre, représentez par Jacques Callot, noble Lorrain et mis en lumière par Israël son amy. *Paris*, 1633, in-8, obl.

> Suite de 17 planches (la 15e manque) du tirage original. On a joint à l'exemplaire la réimpression de ces 18 planches.

225. — Vignettes dessinées ou gravées par Moreau, Gravelot, etc. Lot de 15 p. in-8.

226. — Caricatures françaises sur les ridicules Anglais. — Métamorphoses du jour, par Grandville. — Costumes militaires des Alliés à Paris, 1815, etc. — Dossier de 25 pl., in-fol.

227. — Portraits des xviie, xviiie et xixe siècles, in-4 et in-8. Dossier de 150 portraits.

> J. B. Gault. evesque de Marseille. — Louis de Nogaret, cardinal de la Valette. — H. de Gondi, cardinal de Retz. — Bassompierre. — Hubert Gravelot, gravé par Henriquez, 1770. — Nic. Bergasse. — Le P. Elisée. — Vauquelin de la Fresnaie. — Lesdiguières. — Daubenton. — Rabaut St-Etienne. — Le Voyer d'Argenson, par De Mercenay. — Carrier. — François de Neufchâteau. — Lavoisier. — Etc., etc.

228. — Portraits des xviie, xviiie et xixe siècles. Lot de 50 p. in-fol. et in-4.

> Servien, évêque de Bayeux. — Alph. Delbenne, évêque d'Orléans - par Cl. Mellan, 1654. — Watelet, gravé par lui-même, 1753. — Ch. Panckoucke. — Furetière. — Pichegru. Titon du Tillet, d'après Largilière. — Mazarin, par Nanteuil. — J. B. Lully. — Montesquieu. — Rollin. — Comte d'Hoym. — Hubert Jaillot. — Etc., etc.

229. — Portraits de femmes. Lot de 25 p. in-4 et in-8.

> Marie-Antoinette, gr. par Cathelin d'ap. Frédou, in-fol. — Catherine II. — Madame de Sévigné. — Etc.

230. — Essai sur la Musique ancienne et moderne (par De la Borde). *Paris*, 1780, 4 vol. in-4, br.

231. — Principes très faciles pour bien apprendre la musique, par L'Affilard. *Paris, Ballard*, 1701, in-8, oblong, br.

232. — Airs de la Comédie Française. *Paris, Ribou*, 1704. Album in-4, obl.

233. — Paroles du Concert. 1740, in-8, v.

> L'étiquette dorée sur le dos de la reliure porte : *Concert de Valenciennes*. D'après les dates imprimées ou écrites sur les programmes-paroles, ces concerts auraient eu lieu deux fois par semaine.

234. — Scuola de Cavalieri di Octav. Siliceo gentilhuomo Troiano. *Orvieto*, 1598, in-4, vél. (*Piqué*).

235. — Le maréchal expert, traictant du naturel des chevaulx, des marques de leur bonté et remèdes à toutes leurs maladies, par M. Beaugrand. — Me Mareschal à Paris : augmentée d'une seconde partie contenant plusieurs receptes du S^r De l'Espiney, gentilhomme Périgourdin. *Paris, 1628*, in-8, vél. (*Fatigué, mouillures*).

235 *bis*. — Traité des chevaulx, par R. Baret, sieur
de Rouvray, gentilhomme Tourangeau. *Paris*,
1622, in-4, fig., couv. en pap. (*Piqué*).
<sub>Les figures de ce livre sont gravées en taille-douce par Briot. L'auteur
prévient qu'il écrit en chasseur et non en brateur.</sub>

236. — Mémoire sur les courses de chevaux et de
chars en France, par De Lafont-Pouloty. *Paris*,
1791, in-8, br.

237. — Le noble jeu de Mail de la ville de Montpellier, av. ses réglements, par Sudre. *Montpellier*,
Martel, 1772, in-12, v.

237 *bis*. — La Maison des Jeux où se trouvent les
divertissements d'une Compagnie av. des narra-
tions agréables et jeux d'esprit (par Ch. Sorel).
Paris, De Sercy, 1642, 2 vol. pet. in-8, v. éc., fil.

238. — Le Cuisinier royal et bourgeois qui apprend
a ordonner toute sorte de repas. *Paris, De Sercy*,
1693, in-12, v. (*Rel. fatig.*).

239. — Recherches sur l'usage des cheveux postiches
et des perruques, trad. de l'allem. de Nicolaï (par
Jannes). *Paris, s. d.* (1809), in-8, br.

240. — Mémoire sur les manufactures de draps.
Paris, 1764, in-12, br. — Le teinturier parfait, ou
l'art de teindre les soyes, laines, fils, chapeaux, etc.
Paris, 1716, 2 vol. in-12, v. — Ens. 3 vol.

BELLES-LETTRES

I. — GRAMMAIRE. — LINGUISTIQUE.

241. — Lexicon græco-latinum, seu epitome thesauri
græcæ-linguæ ab Henr. Stephano constructi. *Genevæ*, 1616, in-4, v., fil.

242. — Rationalis reminiscentia per græca rerum
signa depicta linguæ græcæ accommodata, artisque

notoriæ jucunda facilitas. *Lugd. Batav.*, 1715, in-4, obl., cart.

> Très curieux lexique grec-latin ou plutôt dictionnaire des racines grecques, représenté en images et en rébus. L'ouvrage se compose de 195 planches gravées à l'eau-forte; l'explication de chaque planche est imprimée en colonnes et contre-collée en regard. On trouve dans ce recueil un *très curieux alphabet grotesque*. Le titre rapporté ci-dessus est manuscrit de l'époque; il est suivi d'un très beau frontispice allégorique à l'eau-forte signé de *Schoonebeek*.

243. — Principes généraux tirés des éléments de la langue grecque, ou précis de la grammaire simple, par Leroi. *Paris*, 1773, pet. in-8, v. fauve, fil., tr. dor. (*Rel. ancienne aux armes de Montmorency*).

244. — Valerii Probi grammat. de interpretandis Romanorum litteris opusculum; Romanorum civium nomina, pronomina ac cognomina eorumq. magistratuum, (et multa alia). *Impressum Romæ per Jacob. Mazochium*, 1509, pet. in-4, cart.

245. — Divers petits traités et lexiques spéciaux latins-français, à l'usage des écoliers, publ. par les Estienne et les Gryphe au xvie siècle, réunis en 2 vol. in-8, rel.

> De re vestiaria. *Parisiis, Rob. Stephanus*, 1536. — De vasculis. *Par.*, *R.Stephanus*,1536. — De re hortensi et vulgaria herbarum, florum, nomina, 1536. — Seminarium sivè plantarum nomina, fructus, nomina, etc.,1536. — Sylva, frutetum, collis. *Parisiis, Franc. Stephanus* 1538. — Arbustum, fonticulus, spinetum. *Parisiis, Franc. Stephanus*, 1542. — Etc.

246. — Remarques sur la langue française, utiles à ceux qui veulent bien parler et bien écrire (par Vaugelas). *Paris*, 1647, in-4, vél. (*Mouill.*). — Observations sur l'orthographe françoise par A. F. Didot. *Paris*, 1868, in-8, br. — Ens. 2 vol.

247. — Dictionnaire français-italien par P. Canal. *Paris*, 1603, in-8, vél. — Dictionariu universali Sardu-Italianu compilau Vissentu Perru. *Castedu*, 1832, in-fol., dem.-rel., v. — Ens. 2 vol.

248. — Vocabulaire français-arabe des dialectes vulgaires africains d'Alger, de Tunis, du Marok et d'Egypte, par J. J. Marcel. *Paris*, 1837, in-8, br.

II. — ÉLOQUENCE. — DISCOURS. — PANÉGYRIQUES.
ÉLOGES. — ORAISONS FUNÈBRES.

249. — Liber select. de clamationum Ph. Melan-
thonis, quas conscripsit, et partim ipse in schola
Vitebergensi recitavit. *Argentorati*, 1542, pet. in-4,
cart.

250. — Discours sur le livre de Balzac intitulé Le
Prince et sur deux lettres, en décembre 1631, *s. l.*,
n. d. — Lettre de M. de Balzac à M. de Scudéry
sur ses observat. du Cid, et la réponse de M. de
Scudéry. *Paris*, 1638. — Ensemble 2 pièces pet.
in-8.

251. — Harangue faite au roy par Mre P. Scarron,
évêque de Grenoble. *Paris*, 1641, in-4, dérel.
(*Mouill.*).

252. — Déclaration prononcée pour la deffence de
l'Immaculée Conception de la Saincte-Vierge sur le
Puy [du] Palinod, l'an' MDCLI, dans les Carmes de
Rouen, le dixiesme de décembre, par le P. Pierre
Le Clerc, supérieur dudit couvent. *Rouen, Dav. du
Petit Val*, 1651, pet. in-4, dérel.

> On joindra à cet opuscule diverses poésies des Palinods de Caen ;
> années 1692, 1714, 1765, 1766 et 1774.

253. — Elogium P. Jac. Sirmondi Soc. Jesu. *Parisiis*,
1651, in-4. — Elogia Michaelis a Sancto Martino
regiæ, Cadomensis academiæ rectoris. *Cadomi, Cavelier*, 1653, in-4, vél. — Ens. 2 vol.

254. — Œuvres diverses de Patru, de l'Académie
françoise. *Paris*, 1714, in-4, v.

> Armes et devise du Parlement de Normandie sur les plats.

255. — Panégyrique de St-Vincent de Paul prononçé
à Bazas le 8 juin 1739, par Mre Mongin, évêque.
Bordeaux, 1739, in-4, dérel. — Canonisatio Vincentii a Paulo. *Parisiis*, 1738, in-4, dérel. — Ens.
2 pièces.

256. — Académie Française. Discours de récep-
tions, etc. 5 broch. in-4.

> Discours de Voltaire. *Paris*, 1756. — Pièces qui ont remporté les
> prix. *Paris*, 1758. — Discours de Vicq d'Azyr: *Paris*, 1788. — Etc.

257. — Recueil d'éloges. 1781-1788, in-8, dem.-rel. v.

> Eloge de Mably, par Levesque. *Paris*, 1787. — Eloge de J.-J. Rous-
> seau (par Bilhon). *Genève*, 1788. — Notice pour servir à la vie de Lin-
> guet (par Devérité). *Liège*, 1782. — Etc.

258. — Harangue funèbre prononcée en la chapelle
des Pénitens bleus de Tolose, aux honneurs du feu
roy Henry, par P.-Louys de Catel, chanoine. *Tolose, Colomiez*, 1611, in-8, dérel. (*Rare*).

259. — Oraisons funèbres de Louis XIII. 3 pièces
in-4.

> Oraison funèbre de Louis XIII, prononcée par A. Godeau, évêque de
> Grasse, de son église cathédrale. *Paris*, 1644, in-4, dérel — Oraison
> funèbre pron. dans l'église des Augustins de Paris, par Nic. Grillié,
> évêque d'Uzez. *Paris*, 1643, in-4, dér. — Disc. funèbre sur la mort de
> Louis-le-Juste (par Robinet). *Paris*, 1643, in-4, dérel.

260. — Oraisons funèbres d'Anne d'Autriche. 3 pièces.

> La Reyne très chrestienne, disc. funèbre sur la vie et la mort d'Anne
> d'Autriche, reyne de France, prononcé en l'église S.-Sauveur, à Paris,
> au service que la confrairie du S. Nom de Jésus a fait célébrer, par
> Ant. Fuiron. *Paris*, 1666, in-4, dérel. — Oraison funèbre de la Royne,
> mère du Roy, prononcée à S.-Denis par Fr. Faure, évêque d'Amiens.
> *Paris*, 1666, in-4, dérel. — Oraison funèbre d'Anne d'Autriche, pron.
> à St-Germain-l'Auxerrois par Dom Cosme, Feuillant. *Paris*, 1666,
> in-4, dérel.

261. — Oraisons funèbres. 1666-1789. 12 pièces in-4,
dérel.

> Oraison funèbre du prince de Conty, par Gilb. de Choiseul. *Paris*,
> 1666. — Oraison funèbre de M^re Le Tellier, chancelier de France, par
> l'abbé Maboul. *Paris*, 1686. — Oraison funèbre du chancelier Séguier,
> par l'abbé de La Chambre. *Paris*, 1683. — Oraison funèbre de la Dau-
> phine, par de Boisjelin. *Paris*, 1766. — Etc.

262. — Oraison funèbre de Mad. Françoise de St-
Gelais-Lusignan, abbesse de Jarcy, prononcée en
l'église de l'abbaye par le Sr Bécasse, curé de Brie-
Comte-Robert. *Paris*, 1671, in-4, dérel.

263. — Oraison funèbre de Mad. la princesse de

Conty en l'église St-André-des-Arts, pour Mre Gabriel de la Roquette, évêque d'Autun. *Paris*, 1652, in-4, dérel.

264. — Discours funèbre pour Mme la duchesse d'Aiguillon, par de Brisacier. *Paris*, 1675, in-4, dérel.

265. — Oraison funèbre de Marie-Thérèse, reine de France et de Navarre, prononcée à St-Roch, par l'abbé Baüyn. *Paris*, 1683, in-4, dérel. — Oraison funèbre de Marie-Thérèse, par de **. *Paris*, 1683, in-4, dérel.

266. — Oraisons funèbres de la princesse Palatine. 3 pièces in-4.

> Oraison funèbre de la princesse Palatine de Bavière, abbesse de Maubuisson, par J. Maboul. *Paris*, 1709, in-4, dérel. — Oraison funèbre de Marie de Bavière, dauphine, prononcée à Maubuisson par l'abbé Du Jarry. *Paris*, 1690, in-4, dérel. — Oraison funèbre de Marie de Bavière, prononcée à St-Denis par P. de La Broue, évêque de Mirepoix. *Paris*, 1690, in-4, dérel.

267. — Oraison funèbre de Mre Rich. Talbot, vice-roy d'Irlande, prononcée dans l'église des Religieuses anglaises, par A. Anselme. *Paris*, 1692, in-4, dérel.

268. — Oraison funèbre de Mme la marquise de Torcy, pron. dans l'église paroissiale de Chevry-sous-Egreville, en présence de la Noblesse de la province, par Ch. Faulques, curé. *Paris*, 1695, in-4, dérel.

269. — Oraison funèbre de Mgr Louis, dauphin, prononcée dans la cathédrale de Séez par le P. Cathalan, Jésuite. *Paris*, 1711, in-4, dérel.

270. — Oraison funèbre de Louis XIV. 3 pièces in-4.

> Oraison funèbre de Louis XIV, pron. dans l'église de Beauvais par l'abbé Le Prévost. *Paris*, 1715, in-4, dérel. — Oraison funèbre de Louis XIV, prononcée dans l'église N.-Dame par J. Maboul. *Paris*, 1715, in-4, dérel. — Oraison funèbre de Louis XIV, pron. à l'abbaye de St-Cyr par l'abbé Lafargue. *Paris*, 1715, in-4, dérel.

271. — Oraison funèbre de Mre Ysoré d'Hervault, archev. de Tours, par M. Foucher, chanoine. *Tours*, *J. Masson*, 1717, in-4, dérel.

272. — Oraison funèbre d'A. Cloche, général des FF. Prêcheurs, par le P. Laplace. *Paris*, 1720, in-4, dérel.

273. — Oraison funèbre de M. le cardinal de Fleury, prononcée au service fait par ordre de l'Université de Caen, par M. Vicaire. *Caen, Cavelier*, 1743, in-4, dérel.

274. — Oratio funebris Ludovico Delphino Ludovici XV regis filio dicta ab Ant. Maltor, eloquentiæ professore in Collegii Lud. Magni. *Parisiis*, 1766, in-4, carton. du temps, fil., avec les armes de France en argent sur les plats.

275. — Oraison funèbre du roi Stanislas, duc de Lorraine, prononcée en l'église primatiale de Lorraine par le P. Elisée. *Nancy*, 1766, in-4, br.

276. — Oraison funèbre de Paul d'Albert de Luynes, cardinal, archevêque-vicomte de Sens, par l'abbé Legris. *Sens, Tarbé*, 1788, in-4, dérel.

III. — POÉSIE.

277. — Oracula sibyllina, curante C. Alexandre. *Parisiis*, 1869, in-8, br.

278. — Les petits poèmes grecs, publ. par E. Falconnet. *Paris*, 1840, gr. in-8 à 2 col., br.

279. — Anthologia poëtica græco-latina opera et studio P. Halloix è Soc. Jesu. *Duaci, J. Bogard*, 1617, in-8, v. f., fil. (*Armoiries sur les plats*).

280. — Horatii Flacci Venusini poete lirici opera, cum quibusd. annotationibus imaginibusque pulcherrimis aptisque ad odorum concentus et sententias. *In celebri, libera, imperialique urbe Argentina, opera et impensis Joh. Reinhardi, cognomento Gruninger*, 1498, in-fol., fig. s. bois, anc. rel. en bois, en partie brisée.

Edition rare d'Horace. Elle est surtout curieuse à cause de ses naïves illustrations, dans le texte. Ce sont des bois qui ont été assemblés et

ajustés ensemble comme des décors de théâtre et qui ont servi pour
illustrer une édition de Térence et la Consolation de la Philosophie de
Boëce, tous deux sortis de la même imprimerie. — Raccommodage au
titre et barbouillage en couleurs du temps à une figure.

281. — Opera Virgiliana cum decem commentis.
Lugduni, in typographaria officina Joa. Crespini, 1529, in-fol., fig. s. bois, v. br.

> Cette édition rare de Virgile est illustrée d'une quantité de figures s.
> bois des plus naïves et des plus curieuses.

282. — Virgilii Maronis poetarum principis opera
cum commentariis Ch. Laudini, Aug. Dathi et
Ph. Beroaldi. *Venetiis*, 1533, in-fol., avec quantité
de figures sur bois, cart.

283. — Virgilii Maronis opera, curis et studio And.
Philippe. *Lutetiæ, Coustelier*, 1745, 3 vol. in-12,
fig., v. éc., fil., tr. dor.

284. — Les œuvres de Virgille translatées de latin en
françoys et nouvellem. imprimées à Paris. *Paris,
Nic. Couteau pour Galiot du Pré*, 1529, pet. in-
fol., goth., fig. sur bois, vieille bas. estampée.

> Exemplaire bien conservé, mais auquel il manque les feuillets :
> CLXXVI, CLXXVII, CLXXXVIII, CLXXXIX et CXC.

285. — L'Enéide de Virgile, traduite en vers françois
(par Perrin). *Paris, de l'impr. de P. Moreau*,
1648, in-4, fig. d'Abr. Bosse, v.

> Imprimé en caractères cursifs imitant l'écriture. — Mouill. et rac-
> commodages.

286. — Ovidii opera (edente Bono Accursio Pisano).
Venetiis, Bernardinus de Novaria, 1486, 3 part.
en 1 vol. in-fol., lettres rondes, cart.

> Edition rare, citée par Brunet. — L'exemplaire a les marges de pre-
> mière partie couvertes de notes mss. de l'époque et le premier feuillet
> contenant la préface d'Accursius est troué et rapiécé.

287. — Metamorphosis Ovidiana moraliter exposita
magistro Th. Walleys, anglico. *Venundatur (Parisiis), in œdib. Ascensianis.* 1509. — Epistole
Franc. Philelphi nuper lima acriori castigate cum
quibusd. orationibus videlicet divi Ambrosii Vignati Sabaudiæ legati Alaniq. Aurige de bello

gallico. *Parisiis, s. d. (circa* 1510), 2 ouvr. en 1 vol. in-4, cart.

288. — Les Métamorphoses d'Ovide, trad. en prose franç., av. quinze discours contenant l'explication morale et histor. (par Renouard). *Paris*, 1637, in-fol., fig. de Matheus, v.

> L'exemplaire est mouillé. — Notes manuscrites sur les marges.

289. — Juvenci carmina Evangelica. *Impressum Rothomagi, pro Joh. Petit*, 1509, pet. in-4, goth., dérel.

> Edition rare imprimée à Rouen pour le libraire Jean Petit, de Paris. Le titre manque à l'exemplaire.

290. — Carmen panegyricum de laudibus Berengarii Aug. et Adalberonis episcopi Laudensis ad Rotbertum regem Francorum carmen, ab Hadr. Valesio e vett. codd. eruta. *Parisiis*, 1663, in-8, v. br.

> Aux armes de Caumartin Saint-Ange.

291. — Jo. Fr. Quintiani Stoæ Brixiani poetæ facundissimi Christiana opera. *In celeberrima Parrhisiorum Lutetia, impensis Joh. Parvi*, 1514, pet. in-fol., couv. en pap.

> Recueil de poésies latines qui était autrefois assez recherché, si l'on en juge d'après les prix notés au Manuel du Libraire de Brunet. Un exemplaire est coté 35 fr. dans le catalogue de Téchener ; un autre a atteint le prix de 142 fr. à la vente de Soleinne parce qu'il était relié en maroquin rouge par Thouvenin. Le vrai nom de l'auteur était Conti. Natif de Quinzano, il en garda la qualification de *Quintianus*, et changea son nom de famille en celui de *Stoa*, mot grec qui signifie portique.

292. — Actii Synceri Sannazarii de partu virginis ; lamentatio de morte Christi Piscatoria. *Parisiis, Rob. Stephanus*, 1527, pet. in-8, vél.

293. — In hymnum aviæ Christi Annæ dictum ab Erasmo Roterodamo scholia Jacobi Spiegel Selestadiensis. *In officina excusoria Sigism. Grimm medici et Marci Vuyrsung Augustæ Vindelicorum*, 1519, pet. in-4, dérel.

294. — Ambrosii Novidii Fracci Ferentinatis Sa-

crorum Fastorum libri XII cum Romanis consue-
tudinibus per totum annum suisque causis ac
stellis et numinum nostrorum introductionibus,
additis XII mensibus appost. tutelis, rebus gestis
necnon figuris. *Romæ, Ant. Bladus*, 1547, in-4, fig.
sur bois, dem.-rel.

295. — Cento Virgilianus de præsenti religionis in
Belgico statu, M. Pasquino Romano consarcina-
tore, item prognosticum M. Arnoldi de Palude
super desolatione futura pro annis viij incipien-
tibus ab anno MDLXIIII (edente Fratre Rich. Schel-
ton ordine Predicator.). *S. l.*, 1567, pet. in-4, couv.
en pap.

> Poésie rare sur les troubles religieux dans les Pays-Bas au xvie siè-
> cle. Elle est dédiée à J. Kuyff, évêque de Groningue, par Frère Richard
> Schelton, jadis à Oxford.

296. — Liber Epigrammaton legalium facetissimus
autore Joan. Girardo Divionensi. *Lugduni, Cl.
Baudin*, 1576, in-8, portr. de l'auteur gravé sur
bois, v.

297. — Scævolæ et Abelii Sammarthanorum patris
et filii opera latina et gallica. *Lutetiæ*, 1623, in-4,
v. (*Rel. fatig.*).

> Les diverses parties de ce recueil ont chacune un titre spécial.

298. — Pia Hilaria variaque Carmina, aut. Gazæi
Atrebatis. *Flexiæ, G. Griveau*, 1624, in-12, vél.

299. — Epicinium Ludovico Franc. regi ob receptam
Rupellam, repulsamque Anglorum classem, J. B.
Doni. *Romæ*, 1628, in-8, dérel. — Pauli Thomæ
Engolismensis Rupellas, sive de rebus gestis Ludo-
vici XIII. *Parisiis*, 1630, in-4, dérel. (*Légères dé-
chirures dans le fond des prem. ff.*).

300. — Genethliacon sive principia Benedictini Ordinis authore Domno Simpliciano Gody ejusd.
Ordinis, Congregat. SS. Vitoni et Hydulphi. *Parisiis*, 1635, in-12, vél.

> Curieux poème en XII livres sur les origines de l'Ordre de St-Benoit.
> Mouillure.

301. — Poètes Caënnais. — 3 vol. pet. in-8, rel. et dérel.

>Jac. Mosanti Briosii poemata. *Cadomi*, 1663. — Jac. Mosanti Briosii epistolæ. *Cadomi*, 1670. — Joa. Ruxelii in Cadomensi academia professoris Regii poemata. *Cadomi*, 1636.

302. — Le Parnasse françois, par Titon du Tillet. *Paris*, 1732, in-fol., v. (*Rel. fatig., mouill.*).

303. — Fabliaux ou contes du XIIe et du XIIIe siècles (publ. par Legrand d'Aussy). *Paris, Onfroy*, 1779, 3 vol. in-8, cart.

304. — Cy est le roman de la Rose où l'art d'Amour est toute enclose... — In-fol., cart., couv. en soie mauve avec fleurs brochées.

>COPIE MANUSCRITE DU XVIIe SIÈCLE. — Le copiste a joint à son texte une notice littéraire que lui adressa à l'époque Roger, doyen de l'église de Bourges.

305. — Aresta Amorum (par Martial d'Auvergne), cum erudita Bened. Curtii Symphoriani explanatione. *Lugd., S. Gryphius*, 1538, in-4, v. (*Mouillures*).

>Le texte de Martial d'Auvergne est en français ; le commentaire de Benoît de Court est seul en latin, ainsi que le titre général.

306. — Aresta Amorum LI, cum accuratissimis Bened. Curtii Symphoriani commentariis. *Lugduni, Seb. Gryphius*, 1546, pet. in-8, v., fil.

307. — L'Hymme de la France, composée par P. de Ronsard, Vendomois. *Paris, Vascosan*, 1549. — Les quatre premiers livres des Odes de P. de Ronsard. *Paris, Cavellat*, 1550. — Ode de la Paix, par P. de Ronsard. *Paris, Cavellat*, 1550. — En un vol. in-8, v.

>Editions originales. — Beaux exemplaires.

308. — Lou banquet e plesen discours d'Augié Galliard, roudié de Rabastens en Albiges al cal banquet a bet cop de sortos de mieses, per so que tout lou moun n'est pas d'un goust. *Jouxte la copie imprimée à Paris par François Audebert*, 1610, in-12, de 296 pag. chiffr.

>Livre fort rare. — Pages 211 et 215 il est question d'un autre recueil

d'Augier Gaillard qu'il avait appelé le *Livre gras* et dont on n'a pas encore retrouvé d'exemplaire quelque recherche qu'on en ait faite. L'auteur y explique qu'il a donné ce nom au second livre de ses poésies à l'exemple d'un boucher qui n'ayant qu'un bœuf maigre et ne pouvant le vendre, acheta un bœuf gras, qu'il vendit ainsi plus facilement en ne débitant pas de viande grasse sans y joindre quelque peu de la maigre. Les pièces de ce Livre gras, d'après cette comparaison, doivent donc se trouver dans cette édition qu'il serait bon de vérifier avec celles de 1579, 1583 et 1584. — L'exemplaire est dans sa première reliure, mais malheureusement piqué de vers.

309. — Breve description (en vers) des plaisirs du printemps à M. Gallet, seigneur de La Jalle et de Montmor, etc., par Jacques Rouveau, estudiant en philosophie. *Paris*, 1622, pet. in-8, de 22 pag., dérel. (*Rare*).

310. — Le Jardin et Cabinet poétique de Paul Contaut, apothicaire de Poitiers. *Poitiers*, 1628, in-fol., fig., couv. en pap. (*Piqué et mouillé*).

311. — Tableaux des victoires du Roy : La défaite des Anglois en l'île de Rhé ; la prise de La Rochelle ; la réduction du Languedoc, par Julien Colardeau, procureur à Fontenay. *Paris*, 1630, in-8, dérel.

Très rare. — Feu Benjamin Fillon a consacré au poète Julien Colardeau une intéressante notice.

312. — Poème sur les merveilles de Jésus-Christ, par Ch. de Bouques, seign. de Pont, au dioc. de Montpellier. *Paris*, 1642, in-8, dér.

Recueil de poésies bizarres sur le ventre glorieux de la Sainte Vierge et sur la tentation de Jésus.

313. — Recueil des œuvres burlesques de Scarron. *Paris, Quinet*, 1648, in-4, v., fil. (*Piqué*).

314. — Les devises de la porte S. Antoine expliquées en françois et celles du pont N. Dame mises en vers. *Paris*, 1660, in-4, dérel. — Ode latine sur Marly (par Boutard), trad. en franc. par Perrault, de l'Acad. Franç. *Paris*, 1697, in-4, dérel. — Ens. 2 pièces.

315. — Saint Paulin, évèque de Nole, av. une ode

aux nouveaux convertis, par Perrault, de l'Acad. Franç. *Paris*, 1686, in-8, v., fil.

316. — La Henriade de Voltaire. *Impr. de la Société typographique*, 1784, in-8, v. marbr., fil.

Avec le titre gravé de la suite d'estampes, le portrait du prince Guillaume de Prusse et 10 figures de Moreau.

317. — La Jubilation ou la ribotte des mariniers, maîtres pêcheurs, bouts à ports, etc., depuis le Port à l'Anglois jusqu'à St-Cloud. *Paris*, 1774, pet. in-8, br.

318. — Œuvres complètes de Piron, publ. par Rigoley de Juvigny. *Paris*, 1776, 7 vol. in-8, v. éc., tr. marbr.

319. — Fables, par M. Boisard. *Paris*, 1779, 2 tom. en un vol. in-8, fig., v. éc., tr. marbr. (*Rel. fatig*).

Les gravures qui ornent ce volume sont en bonnes épreuves.

320. — Recueil de pièces fugitives tant en prose qu'en vers. — In-4, v. marbr.

MANUSCRIT DE LA DERNIÈRE MOITIÉ DU XVIII° SIÈCLE d'une bonne écriture, composé de 332 pag. — On y trouve des pièces satiriques, des madrigaux, des chansons, des contes en vers, impromptus, vers de circonstance, etc., etc. — Page 326 on trouve la *Parodie du vaudeville du Mariage de Figaro à l'occasion de la détention de l'auteur à St-Lazare, le 15 mars 1785.*

321. — Les Baisers, précédés du mois de Mai (par Dorat). *La Haye*, 1770, in-8, avec figures et culs-de-lampe d'Eisen et de Marillier, dem.-rel.

Exemplaire en papier ordinaire.

322. — Chant du Sacre, par A. de Lamartine. *Paris, Baudouin*, 1825, in-8, br. — Hymne à Ste Geneviève, par Mlle Delphine Gay. *Paris, Urb. Canel*, 1825, in-8, br., avec la couvert. imprimée. — Ens. 2 broch.

323. — Orlando furioso di Ludov. Ariosto. *Parigi*, 1804, 4 vol. in-4, fig. de Moreau, cart. à la Brad., non rognés.

Bel exemplaire. — Les gravures, très belles d'épreuves, sont AVANT LA LETTRE.

324. — Volkslieder der Serben metrisch übersetzt und historisch eingeleittet von Salvj. *Halle*, 1825, in-8, dem.-rel. — Chants populaires des Serviens, par Wuk Stephanowitsch, trad. par Elise Voïart. *Paris*, 1834, 2 tom. en 1 vol. in-8, dem.-rel., v. f. — Canti popolari della Sardegna. *Cagliari*, 1833, in-12, br. — Ens. 3 vol.

325. — Poesias de don Francisco de Quevedo. *Brussellas*, 1761, in-4, v.

326. — Ancient Songs from the time of King Henry the Third to the Revolution. *London*, 1790, in-8, cart., non rogné. — Reliques of ancient english poetry consisting of old heroic ballads, songs and other pieces of our earlier poëts. *Francfort*, 1803, 3 vol. in-8, br., non rogn. — Ens. 4 vol.

327. — A select collection of English Songs with their original airs, by Jos. Ritson, second edition with additional songs and notes by Th. Park. *London*, 1813, 3 vol. in-8, cart., non rogn. — Christmas Carols ancient and modern by W. Sandys. *London*, 1833, in-8, cart. en toile, non rogn. — Ens. 4 vol.

328. — Poésies populaires de l'Angleterre, de l'Ecosse et de l'Allemagne. — 7 vol. in-8, in-12 et in-18.

Popular ballads and songs by Rob. Jamieson. *Edinburgh*, 1806, 2 vol. in-8, bas. — Rural tales, ballads and songs by Rob. Bloomfield. *London*, 1802, in-8, portr., v., fil. — Tales and popular fictions by Th. Keightley. *London*, 1834, in-18, cart. en toile. — Gleanings of Scotch, English and Irish scarce old Ballads by P. Buchon. *Peterhead*, 1825, in-12, cart. — Ballades, légendes et chants populaires de l'Angleterre et de l'Ecosse, par W. Scott, Th. Moore, Campbell et les anciens poètes, publ. par Loève-Weimars. *Paris*, 1825, in-8, br. — Ballades allemandes, publ. par Ferd. Flocon. *Paris*, 1827, in-18, br.

329. — Chants populaires des frontières méridionales de l'Ecosse, rec. par Walter Scott, trad. par Artaud. *Paris, Gosselin*, 1826, 4 vol. in-12, br.

330. — Althollandischer Volkslieder (Proben) mit einem Anhange Altschwedischer, Englischer, Schottischer, Italienischer, Madecassischer, Brasilianis-

cher, und Altdeutscher Volkslieder gesammelt und übersetzt von _O. L. B. Wolff. *Greiz*, 1832, in-8, br.

Anciens chants populaires hollandais, avec un supplément de vieux chants suédois, anglais, écossais, italiens, madécasses, brésiliens et anciens chants populaires allemands.

331. — Geschichte der Deutschen poesie im Mittelhalter von Karl Rosenkranz. *Halle*, 1830, 1 vol. — Haddbuch einer Allgemeinen Geschichte der Poesie von Karl Rosenkranz. *Halle*, 1832, 2 vol. — Ens. 3 vol. in-8, br.

332. — Altdeusche Volks und Meisterlieder aus den Handschriften der Heideberger Bibliothek herausgeb. von J. Gorres. *Frankfurt a M.*, 1817, in–8, front. gr., br.

Recueil de chants populaires de l'Allemagne, au Moyen-Age.

333. — Der Knaben Wunderhorn Alte Deutsche Lieder gesammelt von L. A. v. Arnim und Clem. Brentano. *Heidelberg*, 1819, 3 vol. in-8, titre gr., fig., br.

334. — Der Nibelunge not mit del Klage Inder altesten Gestalt mit der abweichungen der gemeinen Lesart herausg. von K. Lachmann. *Berlin*, 1826, in-4, br.

335. — Les Niebelungen ou les Bourguignons chez Attila, roi des Huns, poème trad. de l'anc. idiome teuton, par Ch. Moreau de la Meltière. *Paris*, 1837, 2 vol. in-8, br.

336. — Gottfrieds von Strassburg Werke aus dem besten Handschriften mit einleitung und Worterbuch herausgeben durch F. H. von der Hagen. *Breslau*, 1823, 2 vol. gr. in-8, front. gr., br.

337. — Sagaenbibliothek des Skandinavischen Alterthums in Auszügen mit literarischen Nachweisung von P. Erasmus Müller aus der Danischen Handschrift ubersetzt von K. Lachmann. *Berlin*, 1816, in-8, br.

Bibliothèque des Sagas de l'antiquité scandinave.

338. — Edda Sæmundar hinns Inoda, Collectio carminum veterum Scaldorum Læmundiana dicta ex codd. curav. Arv. Aug. Afzelius. *Holmiæ*, 1818, in-8, br.

IV. — THÉATRE. — ROMANS. — FACÉTIES. — PROVERBES. — EPISTOLAIRES. — POLYGRAPHES. — MÉLANGES.

339. — M. Actii Plauti comædiæ XX vivis pene imaginibus recens excultæ. *Venetiis, Melch. Sessa et P. de Ravanis socii*, 1518, in-fol. avec un grand nombre de curieuses fig. s. bois à mi-page, dem.-rel., vél.

340. — Terentii comœdiæ nunc primum italicis versibus redditæ cum personarum figuris æri accurate incisis ex Ms. codice bibliothecæ Vaticanæ. *Urbini*, 1736, in-fol., fig., v.

341. — Saül le furieux, tragédie prise de la Bible, faicte selon l'árt et à la mode des vieux autheurs tragiques (par J. de la Taille, de Bondaroy), plus une remonstrance faicte pour le Roy Charles IX à tous ses subjects afin de les encliner à la paix avec hymnes, cartels, épitaphes, anagrammatismes et autres œuvres d'un mesme autheur. *Paris, Fed. Morel*, 1572, pet. in-8, réglé, couv. en pap.

Volume rare et recherché ; l'exemplaire est malheureusement piqué en marge.

342. — Recueil de Tragédies jouées au XVIIe siècle, in-4, v.

Proserpine. *Paris, Ballard*, 1680. — Isis. *Paris*, 1677. — Bellérophon. *Paris*, 1679. — Le Triomphe de l'Amour, Ballet. *Paris*, 1679. — Phaéton. *Paris*, 1683. — Thésée. *Paris*, 1685.

343. — Amulus, tragédie de collège. In-4, v., fil.

MANUSCRIT DU XVIIe SIÉCLE, orné de dessins à la plume — Feu Monteil, l'auteur du Traité des matériaux manuscrits, son possesseur, en apprécie l'importance dans une note de deux pages, dédiée à la mémoire de Raynouard.

344. — Le premier livre de Amadis de Gaule qui traicte de maintes aventures d'armes et d'amours, trad. par le seign. des Essars, Nicolas de Herberay. *Paris, D. Janot,* 1540, in-fol., dem.-rel.

345. — Artamène, ou le grand Cyrus, par de Scudéry, gouverneur de N.-Dame de la Garde. *Paris, Courbé,* 1654, 10 vol. in-8, v. (*Rel. fatiguée*).

346. — Les veillées allemandes, chroniques, contes, traditions et croyances populaires, par Grimru, trad. par Lhéritier, de l'Ain. *Paris,* 1838, 2 vol. in-8, br.

347. — Mémoires pour servir à l'histoire de la Calotte. *Moropolis, chez le libraire de Momus,* 1735, pet. in-12, v. — Le conseil de Momus et la revue de son régiment : poëme calotin. *S. l., (vers* 1735), in-8, fig., v. — Ens. 2 vol.

348. — Sermones convivales Conr. Peutingeri, de mirandis Germaniæ antiquitatibus. *Argentinæ,* 1506, in-4, dem.-rel., toile.

349. — Narrenbuch herausgeben durch F. H. von der Hagen. *Halle,* 1811, pet. in-8, br.

350. — Pétition philosophique sur les femmes publiques. *Marseille,* 1790, in-8, br.

351. — Car. Bovilli Samarobrini Proverbiorum Vulgarium libri tres. *Parisiis, Galiot du Pré,* 1531, pet. in-8, vél. à recouvrem.

352. — Illustrium virorum epistolæ ab Angelo Politiano partim scripte, partim collecte, cum Sylvianis commentariis et Ascensianis scholiis. *Parisiis, Badius,* 1526, in-4, cart. — Epistola Franc. Philelfi cum quibusd. orationibus Ambrosii Vignati Sabaudie legati Alanique Aurige (id est Alain Chartier) de bello gallico et de egressu Karoli regis ex urbe Parrhisia... *Impressum Parrhisiis a Joanne de Prato pro Petro Viard,* 1523, in-4, v. (*Titre remonté*). — Ens. 2 vol.

353. — Le Secrétaire, comprenant le stile et méthode d'écrire en tous genres de lettres missives, illustrées d'exemples, par G. C. T. (Gabriel Chapuis, Tourangeau). *Paris, l'Angelier*, 1588, in-8, vél.

Le plus rare de tous les ouvrages du fécond auteur Tourangeau, Gabriel Chappuis.

354. — Lettres du cardinal d'Ossat, évêque de Bayeux, au roy Henri-le-Grand, de 1594 à 1604. *Paris*, 1626, in-fol., v. (*Rel. en mauvais état*).

355. — Le Laboureur (Jean), érudit célèbre, mort en 1675.

Lettre autographe signée à M. Lejeune, intendant de Mgr le Duc. Montmorency, 8 octobre 1661, 2 p. pl. in-8, cachets et soies. — Très jolie lettre littéraire.

356. — Lettre de Grosley, à M. Target, avocat, sur diverses matières. *Troyes, 15 Déc.* 1774, 3 pag. in-4. (*Autographe signé*).

Il écrit ses impressions sur les Parlementaires, se rappelle à Me Elie de Beaumont, compare Target à Pithou, etc.

357. — Lettres de Rousseau sur différ. sujets de littérature. *Genève*, 1749, 2 vol. pet. in-12, v. marbr.

Joli exemplaire avec armoiries sur les plats.

358. — Washington. Correspondance et écrits extraits de l'édition américaine, mis en ordre par Guizot. *Paris*, 1855, 4 vol. in-8, br.

359. — Lucien, de la traduct. de Perrot d'Ablancourt. *Amsterdam*, 1664, 2 vol. in-12, vél.

360. — Photii Myriobiblon sen Bibliotheca librorum quos legit et censuit Photius (gr.-lat.). *Rothomagi*, 1653, in-fol., à 2 col., v. f., dent., fil., à compart., tr. dor. (*Rel. ancienne*).

Aux armes du prince de Rohan. Les insignes distinctifs de la maison de Rohan, la *macle* et *l'hermine* sont en outre répétés dans de nombreux petits carrés sur les plats de la reliure. Cette édition estimée de Photius, publiée par un chanoine de la cathédrale de Rouen, est le premier essai de typographie grecque exécuté en cette ville. Le livre est dédié à Nic. Turgot, seigneur de Lanteuil, président du Parlement de Normandie. — Le présent exemplaire n'a qu'un faux-titre; le titre général manque.

361. — Officina Joa. Ravisii Textoris Nivernensis historicis poeticisque referta disciplinis. *Lugduni, typis Jac. Mareschal*, 1532, 2 tom. en un vol. in-8, rel. en bois, recouv. de peau de truie.

362. — De la Bibliothèque latine française, publ. par Pankoucke. *Paris*, 1842-1850, 18 vol. in-8, br.

> Sulpice Sévère, trad. par Herbert. — Priscianus, trad. par Corpet. — Columelle, trad. par Dubois. — Palladius, trad. par Cabaret. — Historiens d'Auguste, trad. par Legay. — Varron, trad. par Rousselot. — Censorinus, trad. par Mangeart. — Jornandès, trad. par Savagner, etc.

363. — Adr. Turnebi Adversariorum libri XXX. *Aureliopoli* (*id est Genevæ*), *excudeb. Petrus Quercetanus* (*P. des Planches, imprimeur*), 1604, in-4, v. fauve, fil., dent. à compartim., petits fers, dorures à la fanfare sur le dos et sur les plats, tr. dor.

> Belle reliure de l'époque de Louis XIII, aux armes de LOUIS DE NOGARET, ÉVÉQUE DE MIREPOIX, bâtard de J. L. de Nogaret, duc d'Epernon, mort le 10 sept. 1679. Le titre du volume est en mauvais état et mal raccommodé ; le bas de la marge est éraillé par un clou.

364. — P. Pithœi opera : sacra, juridica, historica, miscellanea. *Parisiis*, 1609, in-4, v.

365. — Recueil factice de dissertations et de thèses soutenues devant l'ancienne Université de Strasbourg, de 1741 à 1748. — En un vol. in-4, dem.-rel.

> J. Mich. Lorenz de successione in illustriora feuda III regnorum Franciæ, Germaniæ, Italiæ, 1748. — C. Alex. Gérard. De dominio aëris, 1748. — J. H. Faust. De testamentis ad pestis tempus, 1748. — J. M. Lorenz. De antiquo coronæ Gallicæ et Carolingorum Franciæ regum in regnum Lotharingiæ jure, 1748. — Fischer, de juribus Infantum, 1741. — Etc...

366. — Mélanges. — 4 vol. in-12 et in-16, rel.

> Mureti Variæ lectiones. *Parisiis*, 1586, pet. in-8, vél. — Boethii : Consolatio philosophiæ. *Lugduni*, 1581, in-16, vél. — Maresii epistolæ philologicæ. *Lutetiæ*, 1650, in-12, vél. — Le Partener de la rhétorique française. *Lyon*, 1666, in-12, vél.

367. — La Bibliothèque Bleue refondue. *Paris*, 1786, 2 vol. in-8, fig., cart. — La Bibliothèque choisie de M. Colomiès av. des notes de Bourdelot, La Monnoye et autres. *Paris*, 1731, in-12, v. m. (*Aux armes de Compain, de Lyon*).

368. — Fundgruben des Orients bearbeitet durch eine Gesellschaft von Liebhabern. *Wien*, 1809. 2 vol. in-fol., v. fauve, fil., tr. marbr. (*Bel exemplaire*).

HISTOIRE

I. — GÉOGRAPHIE. — VOYAGES.

369. — Pomponius Mela, trad. sur l'édit. de Gronovius, av. texte en regard par Fradin. *Paris*, 1827, 3 vol. in-8, br.

370. — Cl. Ptolomei Cosmographia. *Impressum Ulmæ, per ingeniosum virum Leonardum Hol.* 1482, gr. in-fol., cartes grav. s. bois et color., bas.
Edition rare de la géographie de Ptolémée. — Exemplaire en mauvais état. — La marge est endommagée par l'humidité.

371. — Geographiæ Cl. Ptolemæi libri VIII. *Basileœ, H. Petri*, 1552, pet. in-fol., cartes grav. s. bois, v. br. (*Fatigué*).
Cette édition contient une mappemonde dans laquelle figure l'Amérique sous forme d'un groupe d'îles. A la fin une carte spéciale et plus détaillée de l'Amérique. Les cartes sont coloriées de l'époque.

372. — Notitia utraque cum Orientis tum Occidentis (edente Sig. Gelenio). *Basileœ, Froben*, 1552, in-fol., fig. s. bois, cart.

373. — Tabula itineraria Peutingeriana primum æri incisa et ædita a Franc. Christ. de Scheyb 1753, denuo cum codice Vindoboni collata, emendata et nova Conr. Mannerti introductione instructa. *Lipsiœ*, 1824, in-fol., avec planche de fac-simile, br.

374. — Cosmographie ou description des quatre parties du monde, corrigée et augm. par Gemma Frisan. *Anvers, Bellère*, 1581, in-4, fig., vél.

375. — Mélanges géographiques. — 8 vol. in-4.
Dictionarium fluviorum insularum, regionum, etc., authore F. Fondeur. *Lauduni, Rennesson*, 1680. — Dissertation sur les Marches. *Berlin*, 1753. — Iter Germanicum. *Tubingæ*, 1682. — Considérations sur l'empire de la mer, par Malouet. *Anvers*, 1810. — Etc.

376. — Essai sur les noms de lieux, par de Billy. *Orléans*, 1842, in-8, br.

377. — Topographia Galliæ (en hollandais). *Amsterdam*, 1662, 6 vol. pet. in-12, avec cartes des provinces de France et nombreuses vues de villes,mo-
numents et châteaux, v. br., fil.

> Aux armes de Pinto de Fonseca, grand-maître de l'Ordre de Malte.

378. — Explicat. de la carte histor. de la France et
de l'Angleterre, depuis la naissance de Jésus-Christ
jusqu'à l'an MDCC, dédié à N. S. P. le Pape Inno-
cent XIII, par J. A. Martignoni, Milanois. *Rome*,
1721, in-4, mar. rouge, fil., tr. dor. (*Rel. ancienne*).

> Exemplaire de dédicace, avec les ARMES DU PAPE INNOCENT XIII frap-
> pées en or sur les plats.

379. — Extrait d'un journal de voyage servant à
l'histoire naturelle des Pays-Bas et de la Lorraine.
S. l., 1793, in-8, br.

380. — Corsa per bacino del Rodano e per la Liguria
d'Occidente contiene la oritografia del monte Coi-
ron situato ora dipartemento de l'Ardèche, di Ma-
zari–Pencati. *Vicenza*, 1806, in-8, br.

381. — Chorographia Sardiniæ J. Faræ. *Aug. Tau-
rinorum*, 1835, gr. in-4, cart. — Voyage en Sardaigne de 1819 à 1825, par La Marmora. *Paris*,
1826, in-8, br. — 2me partie : Antiquités, par le
même. *Paris*, 1840, in-8, br., avec atlas in-fol., br.
Ens. 4 vol.

382. — Voyage d'Angleterre, d'Hollande, de partie de
l'Allemagne jusques à Vienne, de Venise, partie de
l'Italie, du royaume de Naples, du mont Vésuve...
par J.-B. Lecointre, prieur commendataire de
Ste Catherine de Rochefort, de La Ferté-Bernard,
fils de Robert Le Cointre, greffier en chef au Chas-
telet de Paris. *A Paris, le* 30 *mars* 1681, in-fol., v.

> MANUSCRIT INÉDIT DU XVIIe SIÈCLE qui paraît être l'original.

383. — Anecdotes of British topography or an histo-

rical account of what has beene done for illustrating the topographical antiquities of Great Britain and Ireland. *London*, 1768, in-4, frontisp. gravé, plans et cartes, v.

384. — Deliciæ topo-geographicæ Noribergenses oder geographische Beschreibung der Reichs-Stadt Nürnberg. *Nürnberg*, 1733, in-fol., monté sur papier gr. in-fol. — Sieben und treisig Wunder-Tabellen Gehens und merckwurdige sachen in des heil.-Rom Reichs stadt. *Nürnberg, s. d.* (1733). — Ens. 2 ouvr. en 1 vol. gr. in-fol.. cartes et vues grav. en taille-douce, anc. rel. bas.

Descript. géographique de la ville de Nuremberg, avec une suite de soixante-treize planches d'objets d'art et de vues de la même ville.

385. — Itinerarium D. Benjaminis (de Tudela) cum versione et notis Constantini l'Empereur ab Oppyck. *Lugd. Batav., ex offic. Elzeviriana*, 1633, in-8, vél.

386. — Les observations de plus. singularitez et choses mémorables, trouvées en Grèce, Asie, Judée, Egypte, Arabie, etc., par P. Belon, du Mans. *Paris*, 1588, in-4, couv. en pap.

Nombreuses fig. sur bois. — Mouillures.

387. — Les six voyages de J.-B. Tavernier en Turquie, en Perse et aux Indes, pendant l'espace de quarante ans. *Suivant la copie (Hollande)*, 1679-1681. 3 vol. pet. in-8, vél. à recouvrem.

Bel exemplaire.

388. — Recueil de divers voyages faits en Afrique et en l'Amérique qui n'ont point encore esté publiez, avec des traitez curieux touchant la haute Ethiopie, le débordement du Nil, la Mer Rouge et le Prestre Jean. *Paris*, 1674, in-4, cartes et fig., v. br., fil.

Bel exemplaire aux armes du Collège Mazarin.

II. — HISTOIRE ANCIENNE DES GRECS ET DES ROMAINS. — HISTOIRE DU BAS-EMPIRE.

390. — Hist. de Diodore, Sicilien, trad. de grec en franç., les dern. livres par Macault, secrét. du Roy et les autres par Jacques Amyot, évesque d'Auxerre. *Paris*, 1585, in-fol., v.

391. — T. Livius Patavinus historicus duobus libris auctus cum L. Flori epitome addito Leon. Aretino de primo bello Punico, ac imaginibus res gestas exprimentibus. *Venetiis, Melch. Sessa et P. de Ravanis socii*, 1520, in-fol., avec bordures historiées, lettres ornées sur fond noir et curieuses fig. sur bois à mi-page, vél. à recouvrem.

Edition rare et intéressante pour ses illustrations d'un style particulier.

392. — Commentaria Cæsaris. *Venetiis, Benedict. Fontana*, 1499, in-fol., lettres rondes, dérel.

393. — Commentaria Cæsaris nuperrime impressa. *Lugduni, ex offic. Guilh. Huyon*, 1519, pet. in-8, fig. s. bois, v. gaufr.

Edition lyonnaise exécutée avec un caractère italique tout particulier imitant l'italique des éditions aldines, dont elles sont la contrefaçon.

394. — Julii C. Cæsaris rerum gestarum commentarii XIV, cum doctis annotationibus. *Francof.*, 1575, in-fol., v.

Aux armes du cardinal de Richelieu. — Reliure restaurée.

395. — Julii Cæsaris et aliorum de bellis Gallico, Pompeiano, Alexandrino, Africano et Hispaniensi commentarii, cura Fr. Oudendorpii. *Lugd. Batav.*, 1737, in-4, v. éc., dent.

Aux armes de la ville de Breda.

396. — Les Commentaires de Jules César de la guerre civile, de la guerre Alexandrine, de la guerre d'Affricque, de la guerre d'Espaigne, translatez par noble homme Estienne de Laigne dict Beauvois ; des batailles et conquests faictz par César au pays

de Gaule, translatez par feu de bonne mémoire Robert Gaguin, général de l'Ordre de la Saincte Tri-
nité. *On les vent à Paris, en la grant salle du
Palais par Jehan André, libraire.* (A la fin :)
*Achevé d'imprimer en la noble ville et cité de
Paris, le xxiiii jour du moys de juillet* 1537,
pet in-fol., gothique, v. fauve, fil.

> Quelques soulignures.— Bel exemplaire grand de marges et très bien
> conservé, pur de tout lavage. — Signature de DU TILLET sur le titre.—
> Provenant de la bibliothèque de Huzard.

397. — Les Commentaires de Jules César des guerres de la Gaule, plus ceux des guerres civiles contre la part Pompéienne, le tout de la version de
Blaise de Vigenère , Bourbonnois. *Paris , Abel
l'Angelier*, 1589, in-fol., mar. r., fil. à comp. (*Reliure ancienne*).

> Exemplaire aux armes de SULLY, intendant de l'artillerie et ministre
> d'Henri IV.— Les volumes à cette provenance sont rares.

398. — Historiæ Augustæ scriptores Ælius Spartia-
nus, Julius Capitolinus, Ælius Lampridius, Vulca-
tius Gallicanus, Trebellius Pollio, Flavius Vopis-
cus, emendat. Casaubonus. *Parisiis*, 1603, in-4,
mar. r., fil., tr. dor. (*Rel. ancienne aux armes
de la ville de Lyon*).

399. — Joa. Zonaræ Monachi, qui olim Bysantii
proto secretarius fuit, compendium historiarum,
opus editum labore H. Wolfii. *Basileæ, J. Opo-
rinus*, 1557, in-fol., vél.

400. — Georgii Monachi Syncelli et Nicephori patriarchæ Chronographia (gr.-lat.) curante Jac Goar.
Parisiis, typogr. Regia, 1652, in-fol., grand-pa-
pier, v. f., dent., avec semis de fleurs de lys sur
les plats, tr. dor.

> Reliure fleurdelysée, aux armes de France et de Navarre. Prix du
> Collège de Clermont ou Louis-le-Grand, accordé à Ant.-François Le Fè-
> vre d'Ormesson.

401. — Historiæ Byzantinæ scriptores editi consilio

B. G. Niebuhrii. *Bonnæ*, 1829-38, 4 gros vol. in-8,
br.

Ces volumes contiennent les historiens suivants : Dexippi, Eunapii,
Petri Patricii, Prisci, Malchi, Menandri, Olympiodori, Candidi, Nonnosi
et Theophranis historiarum reliquiæ, Procopi, et Prisciani panegyrici.
Paulus Silentiarius. — Georgius Pisida. — Nicephorus Constantino-
politanus. — Merobaudes et Corippus. — Leo Diaconus. — Etc.

402. — Mart. Hankii de Byzantinarum rerum scriptoribus græcis liber, autorum L qui de Constanti-
nopolitanis antiquitatibus monumenta nobis reli-
querunt vitas et scripta recenset. *Lipsiæ*, 1677, in-4,
portr., v. br., fil.

Aux armes et aux chiffres du duc de Montausier.

III. — HISTOIRE UNIVERSELLE.

403. — Pauli Orosii historiographi clarissimi opus
prestantissimum. *Parisiis, J. Petit*, 1510, pet.in-4,
cart. (*Piq.*).

404. — Sigeberti Gemblacensis cænobitæ Chronicon
ab anno 381 ad 1113, promovente egregio Patre D.
G. Parvo confessore regio nunc primum in lucem
emissum. *Parrhisiis, in officina Henr. Stephani*,
1513, in-4, dérel.

Première édition de la Chronique de Sigebert de Gembloux. — Exemplaire très bien conservé.

405. — Le cinquiesme volume de Vincent Miroir hy-
torial. *Paris, Nic. Couteau*, 1531, pet. in-fol., goth. à 2 col., dem.-rel.

406. — Lot de volumes incomplets. 3 vol. in-fol., rel.
ou cart.

Chronicorum liber ou Chronique de Nuremberg. 1493, gr. in-fol., fig·
s. bois. (*Incomplet des* 41 *prem. ff. et de la fin*), v. m. — Cosmographie de Munster en français. 2 exemplaires incomplets.

407. — Genealogiæ Joa. Boccatii cum demonstra-
tionibus in formis arborum designatis ; ejusd. de
montibus et sylvis, de fontibus, lacubus et flumi-
nibus, ac etiam de stagnis et paludibus, necnon et
de maribus seu diversis maris nominibus. *Venetiis,
ductu et expensis nobilis' viri Octaviani Scoti*

Modœtiensis... per Bonet. Locatellum, 1494, in-fol., avec lettres historiées sur fond noir, vél.
Bel état de conservation.

408. — Le premier volume de la Mer des hystoires, auquel est le second ensuyvant est contenu tant du Vieil Testament que du Nouveau toutes les hystoires, actes et faitz depuis la création du monde jusques en l'an mil cinq cens. *On les vend à Paris, au clos Bruneau, par Guill. Lebret, s. d. (vers* 1530), in-fol., v.
Exemplaire défectueux. — Nombreux raccommodages.

409. — Hist. de Paolo Jovio, Comois, evesque de Nocera, sur les choses faictes et advenues en son temps en toutes les parties du monde, trad. du lat. en franç. par Den. Sauvage, seigneur du Parc, Champenois, historiographe du Roy. *Paris,* 1570, in-fol., v. (*Rel. fatig.*).

410. — Les Fastes des anciens Hébreux, Grecs et Romains, avec un traité de l'an et des mois, par N. Vignier. *Paris,* 1588, in-4, vél. (*Mouill.*). — Calendarium chronologicum medii ævi accom. Pilgram. *Viennæ,* 1781, in-4, dem.-rel., v.

IV. — HISTOIRE DE FRANCE.

§ 1. — Histoire générale de France.

411. — Compendium Roberti Guaguini super Francorum gestis... *Parisiis, Ant. Bonemère,* 1514, in-8, v.

412. — Rob. Gaguini de Francorum gestis Annales. *Parisiis, Jeh. Petit,* 1528, in-8, v. f. (*Rel. ancienne*).

413. — Les très élégantes, très véridiques et copieuses annales des très pieux, très notables, très excellens modérateurs des belliqueuses Gaules, dep. la triste désolation de Troyes jusques au règne du très vertueux roy Françoys à présent régnant. Compilées

par très noble historiographe en son vivant Nicole Gilles jusques au temps du roy Loys unziesme et depuis additionnées selon les modernes historiens jusques en l'an mil cinq cens vingt-huit... *Achevé d'imprimer pour Jehan Petit, libraire, l'an* 1528, 2 tom. en un vol. in-fol., gothique, v.

414. — La Chronique des Roys de France, jusques au Roy Henry second ; le catalogue des Papes et Empereurs. *Paris, Galiot Du Pré*, 1549, in-8, dérel.

415. — Le trespas et ordre des obsèques, funérailles et enterrement de feu le roy Henry, deuxiesme de ce nom, par le seigneur de La Borde François de Signac, roy d'armes de Dauphiné. *Paris, Robinot*, s. d. (*vers* 1610), pet. in-8, dérel.

416. — Les requestes, protestations, remonstrances et advertissements, faits par Mgr le prince de Condé et autres de sa suite. *Orléans, Eloy Gibier*. 1567, pet. in-8, dérel.

417. — Papirii Massoni Annales, quibus res gestæ Francorum explicantur. *Lutetiæ*, 1578, pet. in-8, vél.

418. — Traicté de l'origine, progrès et excellence du royaume et monarchie des Françoys, par Ch. Du Moulin. *Lyon, à la Salamandre*, 1561, in-4, couv. en pap.

419. — Abrégé fidelle de la vraye origine et généalogie des François, auq. est traicté des hauts faicts des anc. François, par Cl. Dupré, sieur de Vauxplaisant. *Lyon*, 1601, in-8, vél.

A l'exemplaire se trouve joint l'écrit suivant : *Apologie contre un livre intitulé : Catacrise du droict romain. Lyon*, 1601.

420. — Notice des diplômes, des chartes et des actes relatifs à l'histoire de France, par l'abbé de Foy. *Paris*, 1765, in-fol. (*Aux armes de France*).

Tome premier, seul paru.

421. — Disc. concern. le mariage d'Ansbert et de Blithild, prétendue fille dee Clotaire II, par Chante-

reau-Lefèvre. *Paris*, 1647, in-4, vél. — Diatriba de tribus Dagobertis regibus Francorum God. Henschenii e Soc. Jesu. *Antverpiæ*, 1655, in-4, vél.

422. — Dissertation histor. pour servir à l'histoire des premiers temps de la monarchie françoise. *Colmar, Fontaine*, 1754, in-12, v.

423. — Histoire. — 2 vol. in-8 et in-4, rel.

Historia Caroli Magni imperatoris ex præcip. scriptoribus eorum temporum concinnata studio Joh. Joach. Frantzii Argentoratensis, accessit Eginhardi Carolus. *Argentinæ,* 1644, pet. in-4, parch. — Pii II Pont. Max. Asiæ Europæque elegantissima descriptio res memoratu dignas complectens maxime quæ sub Frederico III apud Europeos Christiani cum Turcis, Prutenis, Soldano et cœteris hostibus fidei, etc. *Parisiis, Cl. Chevallon*, 1534, pet. in-8, bas.

424. — L'histoire ou chronique du seigneur Geoffroy de Ville-Harduin, maréchal de Champagne et de Romanie, conten. la conqueste de Constantinople faicte par des barons français. *Lyon, Roville*, 1601, in-fol., couv. en pap. (*Mouill.*).

Edition rare de Villehardouin.

425. — L'abrégé royal de l'alliance chronologique de l'histoire sacrée et profane, avec le Lignage d'Outremer, les Assises de Jérusalem, etc., par Ph. Labbe. *Paris*, 1651, in-4, vél.

426. — Hist. du différend d'entre le Pape Boniface VIII et Philippe le Bel, roi de France, ensemble le procez fait à Bernard, evesque de Pamier, l'an MCCXCV. *Paris*, 1655, in-fol., v.

427. — Le premier volume de Messire Jehan Froissart. *Paris, Anth. Couteau pour Jeh. Du Pré*, 1530, in-fol., gothique, bas. gaufr. (*Reliure du temps*).

428. — Histoire de Bertrand Du Guesclin, connétable de France, par P. H. (P. Hurault), seigneur de C. (Cheverny). *Paris*, 1666, in-fol., v.

429. — Legatio Gallicana de expeditione Italica regis Francorum Caroli VIII, cum edicto ipsius regis de bello Turcis post liberatam Italiam inferendo et

recuperando Orientis imperio. *Hanoviæ*, 1613, pet. in-4, de 24 pag., couv. en pap.

430. — Histoire de François Ier ou ce qui s'est passé de plus mémorable sous son règne. — In-fol., v.

MANUSCRIT DE LA FIN DU XVIIe SIÈCLE, d'une bonne écriture.

431. — Præmunitio in præsentem temporum calamitatem autore Marino Everardo Parisiensi theologo. *Parisiis*, 1563. — Ad. Husgnaleos (*sic*) hujus tempestatis, Ecclesiæ catholicæ et romanæ hostes publicæque tranquillitatis perturbatores, authore J. Fabro doct. theol. apud Sorbonam. *Lutetiæ*, 1563. — Ens. 2 vol. pet. in-8, dérel.

432. — Discours par dialogue sur l'Edict de la révocation de la paix, publié à Paris le 28e jour de septembre l'an 1568. *S. l., imprimé nouvellement*, 1569, pet. in-8, couv. en pap.

Ecrit en faveur du parti protestant du Prince de Condé contre le parti catholique des Guise. — Piqûre dans la marge du bas.

433. — Histoire ou commentaires de toutes choses mémorables, advenues depuis LXX ans, par toutes les parties du monde, composez par L. Surius, nouvellem. mises en franç. par Jacq. Estourneau. Xaintongeois. *Paris*, 1572, in 8, vél.

434. — Inventaire de l'histoire journalière, par T. G. P. *Paris, Rézé*, 1599, pet. in-8, v. — Abrégé de l'hist. des empereurs romains, par R. M. *Rouen*, 1609, pet. in-8, fig. s. bois, vél.

435. — Response d'un gentilhomme françois à l'advertissement des catholicques Anglois, en laquelle il traite la question : si pour chasser l'hérésie il faut tuer les héréticques. *S. l.*. 1587, in-8, vél.

436. — Le Francophile contre les conspirations du roy d'Espagne et des rebelles de France. *Chartres*, 1591, pet. in-8, dérel.

437. — Pièces historiques, 1610-1611. — 8 pièces pet. in-8, dérel.

Déclaration de la doctrine des Jésuites, par le P. Coton. *Paris*, 1610.

— Le Pater noster des catholiques. *S. l.*, 1611. — Zèle et piété des François sur le bout de l'an de Henri le Grand. *S. l.*, 1611. — Etc.

438. — Vazyléphanie et rapport des cérémonies qui ont esté observées en la déclarat. de la majorité du roy Louis XIII, présenté par P. de Bernard, conseiller au Parl. de Tholoze. *Paris*, 1614, pet. in-8, dérel.

439. — Pièces historiques publiées en 1614. — Lot de 60 pièces pet. in-8, dérel.

Le coup d'Estat à Fontainebleau. *Paris*, 1614. — La sauterelle démasquée à la France. — La Harangue d'Alexandre le forgeron présentée au Conclave des réformateurs. — Réponse de la Reine à la lettre du prince de Condé. *Paris*, 1614.— Mémoire p. rendre les Jésuites utiles. *S. l.*, 1614. — Etc.

440. — Pièces historiques, année 1615. — Dossier de 40 pièces pet. in-8, dérel.

Lettre de l'empereur au prince de Condé. *Paris*, 1615. — Articles présentez au roy par les députés du Tiers-Etat. *Paris*, 1615. — Lettre du marquis de Bonivet. — Procès-verbal de ce qui s'est passé au Tiers-Etat. *S. l.*, 1615. — Lettre du Pape au duc de Savoye. 1615. — Le Trésor des trésors de la France, vollé à la Couronne, par J. de Beaufort. *S. l.*, 1615. — Etc.

441. — Mariage de Louis XIII en 1615. — 5 pièces pet. in-8.

Arrêt du Parl. de Béarn sur le mariage. *Jouxte la copie imprimée à Bordeaux.* — Discours sur les mariages de France et d'Espagne. 1614. — Le Te Deum de la France. — Etc.

442. — Règne de Louis XIII. — Pièces historiques, 1619-1623. — Dossier de 10 pièces pet. in-8, dérel.

Lettre du roy à la reyne-mère. *Troyes, Chevillot*, 1619. — Lettre de M. le prince de Piémont. *Troyes, Chevillot*, 1619. — Déclaration présentée au roi d'Angleterre. *Troyes. Chevillot*, 1621. — Essai de poésie déd. à la statue de bronze de Paris. — Etc.

443. — Pièces historiques et satiriques sur le règne de Louis XIII, 1629-1643. — Dossier de 30 broch. pet. in-8, dérel.

La Calotte (en vers), par Du Laurens. *S. l.*, 1629. — Eloge de Mgr le Cardinal de Richelieu. *Lyon*, 1630. — Déclaration sur le fait des Monnaies. *Paris*, 1631. — La voix du roi de Suède sur le fait des armes. *Paris*, 1632. — Raillerie universelle (en vers). *Paris*, 1635. — Lettre du roy au duc de Montbazon. *Paris*. 1635. — Déclaration sur la régence. *Puris*, 1643. — Lettre sur la mort de Louis XIII. *Paris*, 1643. — Etc.

444. — Lettre écrite par un bon François pour le secours que le roy est obligé de donner au duc de Savoye. *S. l.*, 1615. — Réponse au manifeste du duc de Savoye. *S. l.*, 1630. — Lettres, déclarations et manifestes de S. A. le duc de Savoye examinez. *Paris*, 1630. — 3 pièces pet. in-8, dérel.

445. — Pièces historiques, 1616–1618. — 10 pet. in-8, dérel.

> Discours des mouvements advenuz en France. *S. l.*. 1616. — Le Catholicon français, par Guillot. *S. l.*, 1616. — Les vœux des princes aux pieds du roy. *Paris*. 1617. — Discours sur la mort du grand Turc. *Paris*, 1618. — Mort de deux ducs de Venise. *Paris*, 1618. — Etc.

446. — Règne de Louis XIII. — Pièces historiques, 1624-1626. — Dossier de 10 pièces pet. in-8, dérel.

> La voix publique au roy. *S. l.*, 1624. — Sonnets divers, par J. Claverger. *S. t.*, 1624. — Dialogue du roy et de son frère. *S. l.*, 1625. — Lettre escritte par le Roy sur l'arrêt du maréchal d'Ornano. *S. l.*, 1626. — Etc.

447. — Mémoires de feu Mre Henry de Brienne, grand-prévôt des ordres du roy, ministre et premier secrétaire d'Etat, conten. les événements les plus remarquables du règne de Louis XIII et de celui de Louis XIV, jusques à la mort du cardinal Mazarin, composés pour l'instruction de ses enfants. — In-fol., v.

> MANUSCRIT DU XVIIe SIÈCLE, d'une très bonne écriture.

448. — Histoire de France sous le ministère du cardinal Mazarin, par Bazin. *Paris*, 1842, 2 vol. in-8, br.

449. — Mazarinades en prose, 1649. — Lot de 90 pièces in-4, dérel.

> Advis de M. de Châteauneuf, av. le départ de S. M. de Fontainebleau. Conférence de deux paysans de St-Ouen et de Montmorency. — Lettre de Mgr le duc de Guise sur son affection pour Mlle Du Pont. — Les visions horribles de Mazarin. — Ballet ridicule des nièces de Mazarin. — Catalogue des Partisans, av. leurs généalogies. — Décret infernal contre Mazarin. — La Nazarde de Mazarin. — Etc.

450. — Mazarinades publiées en 1649. — Environ

60 pièces en vers et en prose, in-8, dans une couverture, vél.

> Le nez pourri de Renaudot, avec sa vie infâme et bouquine.— Le pot aux roses découvert. — Le grand bréviaire de Mazarin. — Le Jugement des maltotiers. — Pot pourri burlesque. — Réflexions de l'hermite du Mont-Valérien. — Etc.

451. — Mazarinades en vers, 1649. — Dossier de 45 pièces in-4. dérel.

> Recueil général de toutes les chansons Mazarinistes. — L'Ane du procureur ressuscité. — La Nappe renversée. — Avis de cheval de Mazarin. — Le rabais du pain. — Le babillard du temps. — Récit de ce qui s'est passé aux barricades de Paris. — Etc., etc.

452. — Mémoires de M. Lenet depuis la fin de 1649. — In-fol., v. (*Aux armes de Le Pelletier de St-Fargeau*).

> BEAU MANUSCRIT DU XVII⁰ SIÈCLE. — Ces mémoires sur la Fronde et la Minorité de Louis XIV sont très intéressants. Il en existe une édition imprimée au XVIII⁰ siècle qui aurait besoin d'être collationnée avec le présent manuscrit, soit pour en relever les variantes, soit pour rétablir certains passages modifiés ou supprimés.

453. — Recueil des ordres de bataille et signaux donnés par les généraux des armées navalles et les commandans des escadres du Roy, depuis l'année 1664 jusques à présent 1667. — In-fol., v.

> MANUSCRIT DU XVII⁰ SIÈCLE. — On y trouve des pièces qui ont été ajoutées et qui sont postérieures à la date énoncée sur le titre.

454. — Le Navire de la France arrivé au port de la paix, par le Sr de Coquerel, lieut. de l'Admirauté de Flandres. *Paris*, 1660, in-4, v. (*Mouill.*).

455. — Recueil de pièces historiques, 1702-1714. — In-4, v.

> Mémoire de ce que les députez des hautes Puissances ont proposé au Cᵗᵉ d'Avaux. 1702. — Mandements des prélats français sur les victoires de l'armée. — Traité de paix entre la France et le Portugal. 1713. Etc.

456. — Recueil de pièces historiques. — In-4, v.

> Lettres du roi aux évêques sur les victoires de l'armée. — Lettre au duc de Tresme sur la paix. *Paris*, 1709. — Lettre sur ce qui s'est passé de plus remarquable depuis la Régence. *Paris*, 1716. — Pièces imprimées et manuscrites sur la légitimation des Princes. — Le Courrier. Mars-décembre 1752. — Etc., etc.

457. — Mémoire sur la dernière négociation de la

paix. — Mémoire sur les moyens de renverser le commerce et la pesche des Hollandois et des Anglois. *Août* 1710, in-4, cart.

> Manuscrit composé de 166 pag. d'une bonne écriture.

458. — Almanach Royal pour l'année 1757. *Paris,* 1757, in-8, reliure du temps à petits fers et en mosaïque, représentant une fleur, tr. dor.

> Reliure curieuse. — C'est une mosaïque de maroquin et de talc rapportée sur du vélin ou du veau blanc. — Le dos est fatigué et endommagé, les plats sont assez bien conservés.

459. — Faits historiques, 1762-1763. — In-4, v.

> Important manuscrit provenant de la bibliothèque du pamphlétaire Pidansat de Mairobert, dont il porte l'*ex-libris* sur la garde. C'est, en son genre, du 1er janvier 1762 au 31 décembre 1763, un recueil d'historiettes littéraires, de cancans, chansons satiriques, etc., tel que l'auteur des *Anecdotes sur Madame Du Barry* les aimait. Entre les mains d'un éditeur habile, au courant des mœurs littéraires, ce volume fournirait la matière d'une publication curieuse, pleine de révélations sur les encyclopédistes et sur les femmes galantes du xviiie siècle.

460. — Noms, qualités et derniers domiciles des personnes dont les biens ont été portés sur les listes d'émigrés. *Paris, octobre* 1792, in-4, br.

461. — Guerre franco-allemande, 1870-1871. — Lot de 12 vol. in-8, br.

> Campagne de l'armée du Nord, par Faidherbe. — La défense de Metz, par Rossel. — Siège de Paris, par Sarcey. — Rapports du baron Stoffel. — Etc.

§ 2. — Histoire de Paris et des provinces de France.

462. — Martiniana id est literæ, tituli, cartæ, privilegia et documenta tam fundationis, dotationis et confirmationis Monasterii seu Prioratus S. Martini à Campis, Parisiis, Ordinis Cluniacensis. *Parisiis,* 1606, pet. in-8, front. gravé par L. Gaultier, vél.

463. — Monasterii regalis S. Martini de Campis, Paris. ordinis Cluniacensis historia per Martin. Marrier. *Parisiis,* 1637, in-4, v.

464. — Il vero et compito raguaglio di quanto ha valorosamente fatto il Smo duca di Parma, in liberar

dall' assedio la gran Citta di Parigi. *Milano*, 1590, pet. in-4, dérel.

465. — Cahier de la ville et faulxbourgs de Paris pour estre présenté aux Estats-généraulx de ce Royaulme que le Roy a voulu estre assemblez en sa bonne ville de Paris en la prés. année mil six cens quatorze. — In-fol., vél.

> MANUSCRIT DU XVIIe SIÉCLE, d'une bonne écriture. Important pour l'histoire.

466. — Sujet du feu d'artifice sur la prise de La Rochelle que Morel doit faire pour l'arrivée du roy sur la Seine, devant le Louvre. *Paris*, 1628, pièce pet. in-8, dérel.

467. — De antiquitate et dignitate Scholæ Medicæ Parisiensis panegyris, auct. Gab. Naudæo. *Lutetiæ*, 1628, in-8, vél.

468. — Recueil factice d'environ 50 pièces des XVIIe et XVIIIe siecles, pièces de poésie, mémoires, factums, etc., faites par des personnes de l'Université ou en faveur des droits de l'Université de Paris. — In-fol., v.

> Une longue table spéciale des pièces contenues dans le volume occupe les 4 dern. pages.

469. — Calendrier de l'Université, année 1765, composé par Le Page. *Paris* (1765), in-16, br.

470. — Institution des sourds et muets, ou recueil des exercices soutenus de 1771 à 1774. *Paris*, 1774, in-12, br.

> Exemplaire enrichi de cinq pages de notes autographes de l'abbé Sépher.

471. — Mélanges parisiens. Important dossier d'environ 60 pièces manuscrites et imprimées.

> Billets d'enterrement du XVIIIe siècle. — Compte rendu par les administrat. de l'Hôtel-Dieu de l'exécution du testament du prince de Rohan. 1709. — Bail de la chapelle de l'Hôpital St-Esprit en Grève, 1500, et pièces diverses. — Impôts sur les constructions hors Paris. 1672. — Documents sur la communauté des maîtres charpentiers de Paris, liste impr. des maîtres et jurez. 1701. — Documents sur les fêtes publiques. — Etc.

472. — Hist. critique de Nicolas Flamel et de Pernelle, sa femme, recueillie d'actes anciens, par L. V. (l'abbé Vilain). *Paris*, 1761, in-12, fig., v.

473. — Paris. Cartes des environs. Vue à vol d'oiseau, xviie siècle. — Plan par Jouvin de Rochefort, in-fol. — Entrée solennelle du roy Louis XV le 12 septembre 1715, grav. in-fol. en larg. Etc. — Lot de 14 pl.

474. — Commune de Paris, 1871. — Lot de 6 vol. in-12, br.

Lettre sur les choses du jour, par A. Dumas. — Guerre des communes, par un officier supérieur. *Paris*, 1871. — La délivrance de Paris, par J. Pau. *Paris*, 1871. — Etc.

475. — Carte particulière des environs de Paris, gravée par de La Pointe en 1678, en neuf feuilles. — Carte des environs de Paris, par l'abbé de La Grive, 1740, en neuf feuilles, gr. in-fol.

476. — Fête champêtre célébrée à Montmorency en l'honneur de J.-J. Rousseau, avec les discours, publ. par la Société des Amis de la Constitution. *Montmorency, chez Chéron et Neyreis*, 1791, in-8, br.

477. — Notice sur Pontoise, copie manuscrite in-fol. — Cy commencent les Constitutions de l'hôpital de Pontoise. In-4, br.

Copie sur parchemin exécutée au xviiie siècle.

478. — C'est le papier censier appartenant à noble damoyselle Jehanne Fretel dame de la haulte maison de Sainct Lou de Nou à cause de ses cens, rentes, costumes que luy donnent les dessoubz nommez lesquelz ont este mis et reddigez par escript par moy Simon Caillot clerc notaire royal en la chastellenye de Provins et en la branche dud. Sainct Lou de Nou... — Pet. in-fol., v. gaufr. (*Rel. du temps*).

MANUSCRIT DU XVIe SIÈCLE, daté de 1530.

479. — Mélanges historiques sur la ville de Troyes (par Nicolas Trasse, chanoine). — In-fol., v.

MANUSCRIT DU XVIIIe SIÈCLE, renfermant une Dissertation sur le lieu

de la bataille d'Attila. — Paroisses notables du diocèse. — Catalogue de
MM. de la Conférence. — Liste des évêques de Troyes. — Documents
sur saint Loup, évêque. — Etc.

480. — Inventaire des titres de la ville de Troyes,
dressé en 1574. MANUSCRIT in-fol. — Documents
concernant la ville de Troyes. Copies du XVIIe siècle. — Dossier de 12 pièces Mss. in-fol.

481. — Description géograph. de l'élection de Véze-
lay, et pièces diverses du XVIIIe siècle. — Dossier
de 10 documents Mss. in-fol.

482. — Procès-verbal de l'exhumation des corps des
princes et princesses de la maison de Condé, dans
l'église de Vallery (Yonne). *S. l. (Paris), imp.
Guyot*, 1822, in-4.

483. — Essais historiques sur la ville de Bar-sur-
Aube en Champagne (par Guyot). 1785, in-fol., br.
MANUSCRIT DU XVIIIe SIÈCLE.

484. — Requeste présentée au Roy par les chanoines
et chapitre de l'église cathédrale de N.-Dame de
Chartres. *Paris, Langlois*, 1700, in-fol., dérel.

485. — Papier de recette des censives et droits sei-
gneuriaux de la terre et seigneurie de Villebon,
pour servir à Madame la Marquise de Pertuis,
dame dudit Villebon et dépendances. 1735, in-
fol., v.

MANUSCRIT DU XVIIIe SIÈCLE portant sur les plats cette inscription :
Cuelloir des gens de la terre de Villebon.

486. — Récit véritable de ce qui s'est fait et passé aux
exorcismes de plus. religieuses de la ville de Lou-
viers. *Paris*, 1643, in-8, dérel.

487. — Normandie. Mémoires et documents adminis-
tratifs et statistiques sur les généralités de Rouen,
Caen et Alençon. — Dossier de pièces manuscrites, in-fol.

Série de documents du XVIIe siècle. — On y remarque des copies des
Mémoires dressés en 1696 par les Intendants de chaque généralité ; des
états statistiques civils et religieux, etc.

488. — Mémoires statistiques (en forme de pouillé)

sur les diocèses de Rouen, Séez, Évreux, Avranches, Bayeux, Coutances, Lisieux. — Dossier de 5 cahiers in-fol.

MANUSCRIT DU XVIIIe SIÈCLE.

489. — Disc. prononcé à la fête des Bonnes gens instituée dans les paroisses de Canon, Vieuxfumé en Normandie. *Paris*, 1776, in-8, br.

490. — Mémoires sur l'état présent de la province de Bretagne, 1698, par Béchameil. — In-fol.

MANUSCRIT DU XVIIIe SIÈCLE.

491. — Histoire de la Rosière de Salency ou recueil de pièces sur la Rosière. *Noyon*, 1777, in-8, br.

492. — Deffaitte des compagnies de M. d'Armantir, par M. le marquis de la Viville. *Paris*, 1615, pièce pet. in-8, dérel.

Récit d'un combat livré sur la rivière d'Aisne, près de Neuchatel.

493. — Mémoires sur les généralités d'Amiens. 1698. — La Flandre gallicane, le Hainaut, l'Artois, etc. — Dossier de 6 pièces Mss. in-fol.

494. — Discours de la victoire obtenue par le maréchal de Biron, au pays d'Artois, à l'encontre du marquis de Varambon, gouverneur d'Arras. *Paris*, 1596, pièce pet. in-8, dérel.

495. — Copie du sommaire du Polinus, abrégé géographique des duchez de Lorraine et de Bar, av. une description générale, par M. Bugnon, premier ingénieur et premier géographe. 1711. Très pet. in-8, v.

MANUSCRIT DU XVIIIe SIÈCLE, terminé par une table alphabétique des noms de lieux.

496. — L'Assemblée des trois Estatz, tenus à Orléans au mois de janvier 1561. (Tiré du Recueil de Tortorel et Périssin, av. légende françoise). Estampe gr. in-fol. en larg.

Belle épreuve.

497. — Recherches statistiques sur les diocèses de

Blois, Chartres et Orléans (xviie siècle). — Dossier
de 3 pièces Mss. in-fol.

498. — Calendrier historique d'Orléans, curieux et
nécessaire, avec le détail du commerce de la ville
et du départem. du Loiret. Année 1792. *Orléans,
Darnault et Maurant, imprim. libraires, l'an
troisième de la Liberté.* Pet. in-16, rel. du temps
en mar. rouge, dent., avec attributs républicains
sur les plats.

499. — Mémoire sur la généralité de Tours. 1698. In-
fol.
MANUSCRIT DU XVIIIe SIÈCLE.

500. — Table des élections qui composent la généralité de Tours. — Pet. in-8, v.
MANUSCRIT DE LA FIN DU XVIIIe SIÈCLE.

501. — Mémoires sur la généralité de Moulins, 1698,
par Le Vayer. Dossier de 3 pièces mss. in-folio.

502. — Moulins. — Certificat de civisme. — Lettre de
l'agent national du district de Moulins. 1793. —
Têtes de lettres, etc. — 15 pièces volantes fixées
sur cinq feuilles in-fol.

503. — Mémoire concernant l'Auvergne, 1698, par
d'Ormesson. In-fol.
MANUSCRIT DU XVIIIe SIÈCLE.

504. — Mémoire historique sur la ville de Brive, ca-
pitale du Bas-Limousin (par l'abbé d'Espagnac).
In-fol., br.
MANUSCRIT de 92 p., réunissant dix Mémoires.

505. — Discours véritable de ce qui est arrivé en divers lieux de la province de Poitou ; ensemble plusieurs vers tombez du ciel dans la ville d'Angers
ayans apparence de visage d'enfant. *Paris,* 1623,
pet. in-8, dérel.
Pièce très rare.

506. — Mémoire sur la généralité de Poitiers, 1698.
— Table des routes. — Mémoires dressés par

M. Baudoin. — Etc. — Dossier de 6 pièces mss. in-fol.

507. — Sommation et commandement fait par M. le duc d'Epernon aux habitants de La Rochelle. *Troyes, Chevillot*, 1620, pièce pet. in-8, dérel.

508. — Déclaration du roy sur la réduction de la ville de La Rochelle. *Paris*, 1629, pet. in-8, dérel.

509. — Mémoire sur la généralité de Bordeaux, 1698, par de Bezons. In-fol.

MANUSCRIT DU XVIII⁰ SIÈCLE.

510. — J. G. Altmanni dissertatio literaria de origine nominis Sequanorum, eorum moribus, numinum cultu. *Bernæ*, 1754, pet. in-4, cart.

511. — Mémoire sur la généralité et gouvernement du duché de Bourgogne (par Ferrand), 1698. In-fol.

Manuscrit du xviii⁰ siècle.

512. — L'entrée du roy et de la royne dans la ville de Lyon, ou le soleil au signe du Lyon ; ensemble un sommaire de ce qui s'est passé à l'entrée d'Anne d'Autriche, reyne de France, le 11 septembre 1622. *Lyon*, 1624, in-fol., vél.

Les gravures sont en bonnes épreuves. L'exemplaire est mouillé à la marge inférieure et le feuillet 7 de la seconde partie lacéré.

513. — Histoire de l'antique cité d'Autun, par Edme Thomas, chanoine. *Lyon*, 1660, in-4. (*Copie manuscrite ancienne*). — Documents statistiques sur le diocèse d'Autun (xviie siècle). — Liasse pet. in-fol.

514. — Description du pays des Ségusiaves, par Aug. Bernard. *Lyon*, 1858, in-8, br.

On a joint à l'exemplaire huit pièces historiques ou archéologiques du même auteur, en partie relatives à la polémique suscitée par l'abbé Roux, à propos de cet ouvrage.

515. — Mémoire sur la généralité de Lyon en 1698. In-fol.

MANUSCRIT DU XVIII⁰ SIÈCLE.

516. — Lyon. Série de 80 gravures et lithogr., plans, vues, monuments, etc., etc.

Plan de Lyon, par Cl. Seraucourt. 1740. — Plans publiés en 1818 et 1824. — Plan du siège de 1793 par Balleydier. — Plan du parc projeté dans le 3e arrondissement. — Plans originaux de la caserne de la gendarmerie royale. — Intérieurs des églises. — Monuments des Brotteaux. — Etc.

517. — Lyon. Têtes de lettres et d'imprimés révolutionnaires. 1792-1795. — Passeport donné à Commune-Affranchie. — Brevet de la décoration du Lys décerné par le général Percy. — Lettre du comité révolutionnaire de la section Chalier, etc. — Environ 120 têtes d'imprimés fixés sur 45 feuillets in-fol.

518. — Environs de Lyon. Cartes, par divers. — Cartes cantonales. — Cours du Rhône jusqu'à la Méditerranée. — Vue de l'abbaye de Salles, en Beaujolais, par Désaruel. — Etc. — Lot de 15 pl. in-fol.

519. — Lettre justificative d'un député de Grenoble à M. le Prince. *S. l.*, 1615, pièce pet. in-8, dérel.

520. — Mémoire sur la généralité du Dauphiné, par Bouchu. 1698. in-fol.

Manuscrit du XVIIIe siècle.

521. — Mémoires concernant la généralité de Montauban, Béarn et Basse-Navarre. 1698. — Dossier de 3 pièces mss. in-fol.

522. — Récit véritable de l'arrivée au port de Marseille de 50 esclaves chrestiens, av. le martyre d'un Père Jacobin, brûlé tout vif à Alger. *Paris*, 1643, pièce pet. in-8, dérel.

523. — Articles accordez par Sa Majesté aux habitans de la ville de Chambéry en Savoye. *Paris*, 1630, pièce pet. in-8, dérel.

524. — Mémoire touchant les pays de Lorraine et Barrois, in-fol. — Mémoires des intendants sur les Trois-Evêchez, l'Alsace, etc., in-fol.

Manuscrit du XVIIIe siècle, d'une bonne écriture.

525. — Entrée victorieuse de Mgr le duc d'Anguein à Thionville. *Paris*, 1643. — Lettre du roy envoyée aux eschevins de la ville de Paris sur la réduction de Thionville. *Paris*, 1643, 2 pièces pet. in-8, dérel.

526. — Istoria del regno di Corsica, scritta dall' abate Giovac. Combiagi Florentino. *S. l.*, 1770, in-4, dem.- rel. v.

527. — Mémoire sur l'histoire naturelle de l'ile de Corse, par Barral. *Londres*, 1783, in-8, br. — Voyage en Corse, par Gaudin. *Paris*, 1787, in-8, br. — Ens. 2 vol.

V. — HISTOIRE ÉTRANGÈRE.

528. — Historia gentis ecclesiasticæ Anglorum venerab. Bedæ. *Coloniæ Agripp.*, 1601, in-12, vél. — Descriptio geographico-historica Britanniæ Magnæ autore Rut. Heermannide. *Amstel.*, 1661, pet. in-12, vél.

529. — Polydori Vergilii Urbinatis Anglicæ historiæ libri. *Gandavi, Corn. Manilius*, 1556, pet. in-8, v. (*Rel. fatig.*).

530. — Historical sketches of Charles the First, Cromwell, Charles the second and the principal personnages of the period, by D. Fellowes, esq. *London*, 1828, in-4, cart. à la Brad., non rog.

531. — An inquiry concerning the primitive inhabitants of Ireland, by Th. Wood. *London*, 1821, in-8, cart.

532. — Description de tout le Pays-Bas, autrement dict la Germanie inférieure ou Russe-Allemaigne, par Lud. Guicciardin, av. diverses cartes et le pourtraict d'aucunes villes. *Anvers, Sylvius*, 1567, in-fol., v.

    Mouillures et raccommodages. — Rel. fatiguée.

533. — Batavia illustrata seu de Batavorum insula, Hollandia, Zelandia, Frisia, ex museo P. Scriverii.

Lugd. Batav., Ludov. Elzevir., 1609, in-4, cart.

524. — La réduction de la ville de Bois-le-Duc, aux Estats d'Hollande. *Paris*, 1629. — Articles accordez par le prince d'Orange aux bourgeois de Bois-le-Duc. *Paris*, 1629. — 2 pièces pet. in-8, dérel.

535. — Fundationes et fata Ecclesiarum, quæ et Ultrajecti, et in ejusdem suburbiis et passim alibi in diœcesi, libri II, e situ eruit et digessit Ant. Mattheus. *Lugd. Batav.*, 1703, in-4, vél. de Holl.

536. — Dissertationes historico-criticæ in annales veteres Hunnorum, Avarorum, et Hungarorum a Geor. Pray. *Vindobonæ*, 1775, in-fol., br. — Historia regum Norvegicorum, cura Werlauff. *Hauniæ*, 1818-1826, t. V-VI, 2 vol. in-fol., dem.-rel. v.

537. — La Chronique de Nestor, trad. en franç. d'après l'édit. de S.-Pétersbourg, par Louis Paris. *Paris*, 1834, 2 vol. in-8, br.

538. — Joh. Loccenii antiquitates Sueco-Gothicæ. *Holmiæ, s. d.* — J. Loccenii rerum Sueciarum historia. *Holmiæ*, 1654, in-12, v.

Aux armes des Harlay. — Reliure fatiguée.

539. — La République des Suisses, contenant le gouvernement de Suisse, l'estat public des treize cantons, et de leurs confédérez, leurs batailles, victoires, conquestes, etc., par Josias Simler, de Zurich. *Paris*, 1578, pet. in-8, fig. sur bois, v.

540. — Celtische Alterthümer zu Erlauterung der Altesten Geschichten und Verfassung Helvetiens. *Bern*, 1783, in-8, cart.

541. — Bibliothek der Schweizer-Geschichte und aller Theise so dahin Bezug haben, von G. E. Haller. *Bern*, 1785-1788, 7 vol. in-8, v. m.

542. — Joa. Frid. Schannat Vindemiæ litterariæ hoc est veterum monumentorum ad Germaniam sacram præcipue spectantium collectio. *Fuldæ*, 1723, in-fol., vél.

543. — Epistolæ Petri de Vineis cancellarii quondam Friderici II, quib. res ejus gestæ, memoria dignissimæ. *Basileæ* (1566). — Hypomnema de fide, observatio, ac benevolentia Pontificum Romanorum erga Imperatores Germanicos collectum ex veris atq. fidelibus historiarum monumentis. *Basilex*, (1566). — 2 ouvr. en 1 vol. pet. in-8, v.

544. — Ueber die Volker und Volker-Bündwisse des Alten-Teutschlands, von August von Wersebe. *Hannover*, 1826, in-4, br.

Sur les peuples et confédération de peuples de l'ancienne Allemagne.

545. — Histoire d'Allemagne. 7 vol. in-4 et in-8, rel.

Moguntiacarum rerum libri V à Nic. Serario, Soc. Jesu. *Moguntiæ*, 1604, in-4, rel. en peau de truie estampée. — Moguntia devicta hoc est de dissidio Moguntinensi quod fuit inter duos archiepiscopos Moguntinos Dietherum Isenburgium et Adolphum Nassovium ac de urbis illius expugnatione, direptione ac devastatione lamentabili anno 1462 narratio his'orica per Georg. Helwich. *Moguntiæ*, 1715, in-8, dem.-rel. — Wurdtwein, Thuringia et Eichsfeldia medii ævi ecclesiastica, Commentatio I de archidiaconatu præpositi ecclesiæ collegiatæ B. Mariæ Virginis Erfordiensis. *Manheimii*, 1790, in-4, cart. — Wurdtwein, Diœcesis Moguntina. Dissertatio tertia de archidiaconatu ecclesiæ collegiatæ S. Mauritii Mogunt. *Manhemii*, 1770, in-4, cart. — Wurdtwein. Commentatio septima de archidiaconatu ecclesiæ collegiatæ ad S. Bartholomæum Francofurti. *Mannhemii*, 1771. in-4, mar. rouge, dent., ornem. dorés sur les plats. — Nummi tractati Numburgicenses Pegaviensesque a J. Andr. Schmidt. — *Ienæ*, 1695, pet. in-4, fig., vél. — J. G. Liebknecht Hassia subterranea ; clarissima testimonia Diluvii universalis ex triplici regno animali, vegetabili et minerali petita. *Giessæ*. 1730, in-4, fig , dem.-rel.

546. — Codex diplomaticus Mænofrancofurtanus, Urkun den buch der Reichsstadt Francfurt (794-1400), von Fried. Boehmer. *Francfurt*, 1836, in-4, cart.

547. — Les solennités de l'élection et du couronnement de Léopold, empereur des Romains, ou description et représentation de toutes les choses qui sont arrivées à Francfort l'an 1658, avec tailles douces et autres choses convenables. *Francfort*, 1660, in-fol., v.

548. — Geschichte des Erzstifts Trier d. i. der stadt Trier and des Trier Landes als Churfürstenthum und als Erzdiocese von altesten zeiten bis zum Jahr 1816, von J. Marx. *Trier*, 1858-62, 2 tom. en 4 vol. in-8, plan, br.

> Histoire de l'archevêché de Trèves dep. les temps les plus reculés jusqu'en 1816.

549. — Versuch einer Geschichte der ehemaligen Universitat und der Gymnasien der stadt Koln so wie der an diese Lehr-Anstalten geknüpften studien-stiftungen, von F. Jos. von Bianco. *Koln am Rhein*, 1833, 2 part. en 1 vol. in-8, cart.

> Essai sur l'histoire de l'ancienne Université et des collèges de la ville de Cologne.

550. — Beiträge zur Geschichte des Vormaligen Fürstenthums Fulda von Jos. Guezmann. *Fulda*, 1857, in-8, planches, br.

551. — Die altere Diocese Hildesheim von Herm. Adolf Lüntzel. *Hildesheim*, 1837, in-8, cartes, br.

552. — Chronicon Lunælacense juxta seriem abbatum, ex archivii mss. collectum. *Sumptib. J. Gastl, bibliopolæ Pedepontani*, 1748, 2 tom. en 1 vol. in-4, vél.

553. — Hailsbronnischer antiquitaten schatz enthaltend derer uralten Burggraphen von Nurnberg..., von Joh. Ludw. Hocker. *Onolzbach*, 1731, in-fol., fig., br.

554. — Urkundensammlung der Schleswig-Holstein-Lauenburgischen Gesellschaft für Vaterlandische Geschichte, redigirt von A. L. J. Michelsen. *Kiel*, 1839, 2 tom. en 1 vol. in-4, br.

> Collection de documents de la soc. du Schleswig-Holstein-Lauenbourg : le second volume contient le cartulaire du couvent de Preetz.

555. — Mittheilungen des historischen Vereines für Steiermark. *Gratz*, 1850-1853, 4 livrais. in-8, fig., br.

> Comptes rendus de la Société historique de Styrie.

556. — Refutatio Hier. Aleandri junioris conjecturæ anonymi script. de suburbicariis regionibus et diocesi Episcopi Romani. *Lutetiæ*, 1619, in-4, dem.-rel.

557. — Georgii Merulæ antiquitatis Vicecomitum (Mediolanensium) libri X. *Sinè nota, sed Mediolani, Alexander Minutianus, sinè anno.* Pet. in-fol., rel. du temps en v. gaufr. et estampé à froid.

> Edition de la fin du xvᵉ siècle, en caractères romains. L'ouvrage n'a point de titre, comme l'indique Brunet, et commence par une épître de l'imprimeur Alex. Minutianus à Othon Visconti. Il faut 8 ff. liminaires ; nous n'en avons que 7. parce qu'il manque un feuillet blanc qui doit suivre la dédicace. Pour le reste, l'exemplaire est bien complet et conforme à la description du *Manuel du Libraire*.

558. — Histoire de l'Italie. — 4 vol. in-4 et in-8, rel. et br.

> Cremonensium episcoporum series a Franc. Ant. Zacharia è Soc. Jesu. *Mediolani*, 1749, in-4, cart. — Hier. Tartarotti de origine ecclesiæ Tridentinæ et primis ejus episcopis. *Venetiis*, 1743, in-4, cart. Istoria diplomatica che serve d'introduzione all' arte critica in tal morteria con raccolta de' documenti non ancor divulgati che rimangono in papiro Egizio appresso per motivi nati dall' istessa opera siegne ragionamento sopra gl' Itali primitivi (da Scip. Maffei). *In Mantoua*, 1727. in-4, planch. de fac-similés, v. br. — Isola di Capri. mss. inediti del conte della Torre Rezzonico, del professore Breislak e del generale Pommereul pubblicati dall abbate Dom. Romanelli. *Napoli*, 1816, in 8. br.

559. — Codice diplomatico Toscano compilato Filip. Brunetti. *Firenze*, 1806, in-4, dem.-rel. v.

560. — Histoire des révolutions de la ville et du royaume de Naples, composée par le comte de Modène. *Paris*, 1665, in-12, front. gravé, mar. olive, fil., tr. dor., fleurs de lys au dos et aux angles des plats. (*Rel. anc.*).

> Exemplaire de Louis XIV, à ses armes. On assure que Molière a collaboré à ce livre ou tout au moins en a corrigé et retouché le style, le Comte de Modène, son beau-père. ne sachant pas assez le français pour pouvoir écrire correctement. — Il existe une suite à cette histoire, par le même auteur, mais elle a été publiée postérieurement.

561. — L'Atto publico di fide solennente celebrato nella citta di Palermo a 6 Aprile 1724. *Palermo*, 1724, in-fol., vél.

> L'exemplaire a les quatre grandes planches. mais il est piqué et mouillé.

562. — Relation d'une insigne imposture littéraire découverte dans un voyage en Sicile en 1794, par le Dr Hager. *Erlang*, 1799, in-4, dos et coins de v., fil.

> Récit de la fabrication d'un *Codex diplomatique* ou recueil de chartes historiques de la Sicile.

563. — Annales Sardininiæ, per Salvatorem Vitalem Marensem. *Florentiæ*, 1639, in-fol., vél. — La storia della Sardegna, scritta dell' Gazano. *Cagliari*, 1777, 2 vol. in-4, v. — Historia de la isla de Sardena, por Don Fr. de Vico. *Barcelona*, 1639, 2 parties in-fol., vél.

564. — Sardinia sacra seu de episcopis Sardis historia a Felice Matthœio. *Romœ*, 1758, in-fol., vél. — Della citta di Sassari compilata da D. G. *Cagliari*, 1783, in-8, v.

565. — Histoire de Sardaigne, par Mimaut. *Paris*, 1825, 2 vol. in-8, br. — Storia di Sardegna del G. Manno. *Torino*, 1826, 4 vol. in-8, br.

566. — Historia de rebus Hispaniæ Jo. Marianæ Soc. Jesu. *Toleti*, 1592, in-fol., v. — Cronica del rey D. Alfonso el Onceno, por D. Fr. Cerday Rico. *Madrid*, 1787, in-4, br.

567. — Memorias historicas sobre la Marina, commercio y artes de la antigua ciudad de Barcelona. por A. de Capmany. *Madrid*, 1779, 5 vol. in-4, cart., non rog.

568. —Türckische chronica warhafte eigentliche und kurtze Beschreibung der Türcken Ankunft, Regierung, Konigen, und Keysern, Kriegen, Schlachten, Victorien und sigen wider Christen und Heyden, aus italianisches sprach in unser Teutsche verdolmetscht durch Heinrich Müller. *Franckfurt am Mayn*, 1577. — Scanderberg Wahrafte eigentliche und kurtze Beschreibung aller mannhafften Thaten der Georg Castriot, genannt Scanderberg bey seinem leben gethan, in latem beschriben

durch Joh. Piniciarum Vertentscht. *Franckfurt am Mayn*, 1577. — 2 ouvr. en 1 vol. in-fol., fig., v. (*Mouillures*).

569. — Histoire de l'Empire ottoman, où se voit son agrandissement et sa décadence, par Demétrius Cantimir, trad. par de Junquières. *Paris*, 1743, 2 vol. in-4, v.

570. — L'état militaire de l'Empire ottoman, ses progrès et sa décadence, par le comte de Marsigli. *La Haye*, 1732, in-fol., fig. en taille-douce, v. (*Rel. fatiguée*).

571. — Histoire du royaume du Tunquin de 1627 à 1646, par le P. Alexandre de Rhodes, de la Compagnie de Jésus, trad. en franç. par le P. Albi. *Lyon*, 1651, in-4, v.

VI. — ARCHÉOLOGIE. — NUMISMATIQUE.

572. — Notitia utraque cum Orientis tum Occidentis ultra Arcadii Honorijque Cæsarum tempora, edente S. Gelenio. *Basileæ*, 1552, in-fol., fig. s. bois, vél.

573. — Joa. Meursii de populis Atticæ, liber singularis. *Lugd. Batav., ex officina Lud. Elzevirii, typis G. Basson*, 1617, in-4, vél.
    Bel exemplaire, avec la signature de Baluze sur le titre.

574. — Mythologie, c'est-à-dire les explications des fables, contenant les généalogies des dieux, extr. de Noël Lecomte, par J. D. M. (de Montlyard). *Rouen*, 1611, 2 part. en 1 vol. in-4, v. f.
    Titre-frontispice gravé par Michel Lasne.

575. — Disc. de la religion des anciens romains, de la Castramétation et discipline militaire d'iceux, des bains et antiques exercitations grecques et romaines, par Guill. du Choul, bailly des montagnes du Dauphiné. *Lyon, Roville*, 1581, in-4, v. (*Mouill.*).

576. — Mœurs et usages des anciens Romains. —
2 vol. in-8, rel.

> J. Cæs. Bulengeri Juliodunensis de tributis ac vestigalibus populi
> Romani liber. *Tolosæ*, 1612. pet. in-8, mar. r., fil., tr. dor. (*Rel. anc.*).
> — De Medicorum apud Romanos degentium conditione. *Londini*, 1727,
> in-8, v.

577. — Archéologie. — 3 vol. pet. in-4, cart.

> De lucernis antiquorum reconditis libri IV, autor Fortunius Licetus.
> *Venetiis*, 1621, in-4, v. b.. (*Aux armes d'Amelot de Beaulieu*). — De
> annulis antiquis autor Fortunius Licetus. *Utini*, 1645, in-4, vél. (*Exem-
> plaire d'Huet, évêque d'Avranches*). — Chiffletius. De linteis sepul-
> cralibus Christi Servatoris. *Antuerpiæ*, 1624, in-4, vél.

578. — Liber singularis de donariis et tabellis vo-
tivis autore Ph. Tomasino. *Utini*, 1639, in-4, fig.,
vél. — Antiquitates Neomagenses autor Joh.
Smetius. *Noviomagi*, 1678, in-4, fig., vél. — Icono-
logia di Cesare Ripa Perugino. *Siena*, 1613, in-4,
fig., cart.

579. — Phil. Thouasini de donariis ac tabellis vo-
tivis. *Patavii*, 1654, in-4, fig., vél. — Le pitture
antiche del sepolcro de Nasonii nella via Faminia
descritte P. Bellori. *Roma*, 1680, in-fol., fig., dem.-
rel. — Spicilegium antiquitatis autore Begero. *Coloniæ Brandenburg.*, 1692, in-fol., fig., vél.

580. — Kirchmanni de annulis liber singularis. *Lugd.
Batav.*, 1672. — G. Longi tractatus de annulis si-
gnatoriis antiquorum. *Lugd. Batav.*, 1672, pet.
in-12, vél.

581. — Funerali antichi di diversi popoli et nationi,
descritti Th. Porcacchi. *Venetia*, 1674, pet. in-fol.,
nombr. fig., vél. (*Mouillé et taché*).

582. — Antichi Romani. *Bologna*, 1762, in-fol., fig.,
v. — Choix des costumes civils et militaires de
l'antiquité, calqués sur papier végétal. — Album
in-fol., br.

583. — The British Museum, Elgin and Shigaleïan
Marbles. *London*, 1823, 2 vol. in-12, cart., non rognés.— History of ancient institutions, inventions.

by Beckmann. *London*, 1823, 2 vol. in-8, br. — The principles of gothic ecclesiastical architecture by M. Holb. Bloxann. *London*, 1759, in-8, cart.

584. — Recueil d'antiquités romaines et gauloises, trouvées dans la Flandre proprement dite, av. désignation des lieux où elles ont été découvertes, par J..de Bast. *Gand*, 1808, in-4, fig., br.

585. — Collectanea antiquitatum in urbe atque agro Moguntino repertarum. *Ex ædibus Joan. Schoeffer Moguntini, anno Christi MDXX, mense Martio*, pet. in-fol., titre dans une belle bordure historiée gravée sur bois, fig. sur bois, écussons de Scheffer à la fin, cart.

586. — Beschreibung der Vornehmsten Merkwürdigkeiten in Nürnberg und auf der hohen schule zu Altdorf. *Nürnberg*, 1778, in-8, grav. en tailledouce, cart., non rog.

587. — Traité historique du chef de S.-Jean-Baptiste, conten. une discussion de ce que les auteurs en ont écrit, par Ch. Du Fresne, sieur Du Cange. *Paris*, 1665, in-4, couv. en pap.

588. — Mémoire pour serv. à l'hist. de la fête des Fous, qui se faisoit autrefois dans plusieurs églises, par Du Tilliot. *Lausanne*, 1741, in-4, fig., v.
Bel exemplaire.

589. — Thesaurus epitaphiorum veterum ac recentium selectorum, et antiquis inscriptionibus, omnique scriptorum genere : opera ac studio Ph. Labbe. *Parisiis*, 1666, pet. in-8, vél.

590. — Julius Cæsar sive historiæ imperatorum Cæsarumque Romanorum ex antiquis numismatibus restitutæ, auct. Hub. Goltz. *Brugis*, 1563, in-fol., v. (*Rel. fatig.*).
Aux armes de Nicolas Moreau, seigneur d'Auteuil.

591. — Metallotheca Vaticana, auth. Mich. Mercati opus posthumum. *Romæ*, 1719, in-fol., fig., v.
Bel exemplaire d'un volume publié, avec illustrations, par ordre de Clément XI. — L'appendice se trouve dans cet exemplaire.

592. — Kil. Stobæi opera petrefactorum in quibus numismatum et antiquitatum historia illustratur. *Dantisci,* 1753, pet. in-4, fig., bas.

VII. — NOBLESSE. — MÉLANGES HISTORIQUES.

593. — Genealogie Joh. Boccacii cum micantissimis arborum effigiacionitus cujusq. gentilis Dei progeniem, non tam aperte q. summatim declarantibus. *Parisiis, Da Roce,* 1511, pet. in-fol., vél.

594. — La science héroïque, traitant de la noblesse et de l'origine des armes, blasons, symboles, cris de guerre, tombeaux, etc., par Wulson de la Colombière. *Paris,* 1669, in-fol., fig., v. (*Rel. fatig.*).

595. — Histoire des ordres militaires et des ordres de chevalerie, par Hermant. *Rouen,* 1698, in-12, v.
Aux armes de Horcholle, chanoine de Rouen.

596. — Ad tractatum Matthæi Zampini Recanatensis, de successione prerogativæ primi principis Franciæ, ornatiss. viri P. C. A. F. civis Parisiensis, responsio. *S. l.,* 1588. in-8, dérel.
Pièce rare, dans laquelle on remarque l'emploi de caractères typographiques spéciaux dits de *civilité.*

597. — Les Familles de la France illustrées par les monuments des médailles anciennes et modernes, par Jacq. de Bie. *Paris,* 1634, in-fol., v.

598. — Les éloges et vies des reynes, princesses, dames et damoiselles illustrés en piété, courage et doctrine, par F. Hilarion de Coste. *Paris,* 1630, in-4, v. (*Rel. fatig.*).

599. — Histoire des chanceliers et gardes des sceaux de France, distingués par les règnes de nos monarques, enrichie de leurs armes, blasons et généalogie, par Franç. Duchesne. *Paris, chez l'autheur,* 1680, in-fol., v.
Armes de France sur les plats.

600. — Les Tombeaux des personnes illustres, avec

leurs éloges, généalogies, armes et devises, par Le Laboureur. *Paris*, 1642, in-fol., vél. (*Mouill.*).

601. — Familles de Lespinasse et Langeac. — Dossier de pièces originales et de copies.

> Ces papiers proviennent de St-Allais. On y trouve des généalogies terminées et des copies d'actes bourguignons remontant au xiv⁰ siècle.

602. — Joa. Ferrandi Aniciensis e Soc. Jesu, Epinicion pro liliis sive pro aureis Franciæ liliis adversus Jac. Chiffletium. *Lugduni*, 1663, in-4, v.

603. — Mélanges historiques et recueils de diverses matières pour la plupart paradoxales et néanmoins vrayes, par P. de Saint-Julien, doyen de Chalon. *Lyon*, 1589, in-8, vél.

604. — Almanachs. Lot de 10 vol.

> Almanach royal pour 1782. In-8, v. — Almanach chronologique pour 1749. *Dijon*, in-8, br. — Ephémérides cosmographiques. *Paris*, 1754, in-12, v. — Etrennes nationales et Calendrier de la Cour. 1791, in-18. — Etc., etc.

605. — Les derniers propos et trespas de feue Madame la princesse de Condé, marquise d'Isles (par Blaise de Vigenère). *Paris, Abel l'Angelier*, 1586, pet. in-12 de 71 pag., dérel.

606. — Les dern. paroles de M. le président Barillon, décédé à Pignerol le 30 août 1645, par le P. A. Rivière. *Paris*, 1649, pet. in-4, dér.

607. — Histoire de Jeanne, reine de Naples. *La Haye*, 1764, in-12, v. — Vie de Mᵐᵉ Dubarry. *Paris*, 1774, in-12, br. — Biographie des Dames de la Cour (par Pithou). *Paris*, 1826, in-24, br.

608. — Ant. Sauderi de Brugensibus eruditionis fama claris. *Antuerpiæ*, 1624, pet. in-4, vél. bl. — Christ. Franc. Paullini Theatrum illustrium virorum Corbeiæ Saxonicæ. *Ienæ*, 1686, pet. in-4, dérel. — Ens. 2 vol.

VIII. — HISTOIRE LITTÉRAIRE. — BIBLIOGRAPHIE.

609. — Paleographia græca sive de ortu et progressu litterarum græcarum, opera Bern. de Montfaucon. *Parisiis*, 1708, in-fol., v.

610. — Bibliothèque Orientale ou dictionnaire universel, contenant tout ce qui regarde la connaissance des peuples de l'Orient, leurs histoires et traditions véritables ou fabuleuses, leurs religions, sciences, etc., par d'Herbelot. *Maestricht*, 1776, in-fol., v. f., fil. (*Rel. anc.*).

611. — A literary history of the Middle Ages, comprehending an account of the state of learning from the close of the reign of Augustus to its revival in the fifteenth century by the Rev. Jos. Berington. *London*, 1814, in-4, cart., non rog.

612. — La Bibliothèque d'Ant. Du Verdier, seigneur de Vauprivas, conten. le catalogue de tous ceux qui ont écrit ou traduict en françois ou autres dialectes de ce royaume ; ensemble leurs œuvres imprimées ou non imprimées ; aussy y sont contenus les livres dont les auteurs sont incertains. *Lyon, Barth. Honorat*, 1585, in-fol., v. f., fil., tr. dor.

    Bel exemplaire.

613. — Recherches sur les sources antiques de la littérature française. par Berger de Xivrey. *Paris*, 1829, in-8, br. — Langue et littérature des anciens Francs, par Gley. *Paris*, 1814, in-8. — Essai sur la philosophie et les sciences, par Ampère. *Paris*, 1834, in-8, br. — Ens. 3 vol.

614. — Histoire littéraire de la France avant le xiie siècle, par J. Ampère. *Paris*, 1840, 3 vol. — Histoire de la littérature française au moyen-âge (introduction), par Ampère. *Paris*, 1841, 1 vol. — Ens. 4 vol. in-8, br.

615. — La France sçavante, par Corn. à Beughem. *Amsterd.*, 1683, pet. in-12, v.

France littéraire du xviie siècle.

616. — Hist. de la littérature française sous la Restauration, par A. Nettement. *Paris*, 1853, 2 vol. — Hist. de la littérature française sous le gouvernem. de Juillet, par le même. *Paris*, 1854, 2 vol. — Ens. 4 vol. in-8, br.

617. — Catalogue des ouvrages qui ont été publiés sur les eaux minérales en général et sur celles de la France en particulier, par F. Carrère. *Paris*, 1785, in-4, v.

618. — Catalogus Codicum manuscriptorum græcorum bibliothecæ regiæ Bavaricæ, Ant. Ignatio Hardt. *Monachii*, 1806, 5 vol. in-4, br.

619. — Catalogue de la bibliothèque du cardinal Dubois, recueillie par l'abbé Bignon. *La Haye, De Houdt*, 1725, 4 vol. in-8, v. rac.

Articles omis.

620. — De differentia ætatis Patrum nostrorum qui sub Romana et Apostolica Ecclesia vixerunt et nostræ in qua omni arte ab ea revocamur et ad Calvini Hussitarum principis aliorumque sycophantarum somnia et palam impia atque absurda dogmata amplexanda ducimur, authore Petro Le Sueur, Vindocinensi. *Parisiis, J. Kerver*, 1563, pet. in-8, dérel.

Opuscule rare de Pierre Le Sueur, Vendômois.

621. — Apologia Joannis Veteris contra calumnias Theod. Bezæ in jurisconsultos et omne jus. *Virduni, apud N. Bacnetium, episcopi et comitis Virdunensis typographum*, 1564, pet. in-8, dérel.

Pièce rare et très bien conservée. C'est une des premières impressions faites à Verdun par Nicolas Bacquenois, qui était venu de Reims monter un établissement typographique, au service de l'évêque Nicolas Psaume.

622. — Thèse latine sur le Mariage dédiée à L.-Guy de Vauréal, comte de Villeval, soutenue le 23 juin 1745, *Oscæ, J. de Larumbe*, 1745, gr. in-fol. en hauteur.

Très belle épreuve TIRÉE SUR SATIN.

623. — Thèses latines de jurisprudence, soutenues de 1722 à 1742 à Strasbourg. In-4, dem.-rel. v.

Recueil de 17 thèses.

624. — Eaux et forêts. 5 vol.

Dissertatio de eo quod justum est arbores auctore Stock. *Ienæ*, 1691, in-4. — Ordonnance sur les eaux et forêts. *Paris*, 1714. in-18, v. — Recherches sur les forêts de la France, par Faiseau. *Paris*, 1829, in-4, br.

625. — Deutsche Rechts alterthümer von Jacob Grimm. *Gottingen*, 1828, in-8, dem.-rel.

626. — De Tormentis. *Lucæ*, 1766, pet. in-4, br.

Curieux traité sur la question et les supplices.

627. — Plinii Secundi historia mundi. *Basileæ*, 1535, in-fol., v. f., tr. dor.

Reliure entièrement semée de fleurs de lys avec le monogramme P. S. dans un cartouche, sur les plats et au dos.

628. — Die Teutschen Volksbücher von J. Gorres. *Heidelberg*, 1807, pet. in-8, br. — Untersuchungen zur Geschichte der Teutschen Heldensage von F. Jos. Mone. *Quedlinburg*, 1836, in-8, br. — Ens. 2 vol.

629. — Livres armoriés. 3 vol. in-8 et in-12, rel.

Nic. Parthenii Piscatoria et Nautica. *Neapoli*, 1685. pet. in-8, v. br. (*Aux armes de Mazarin*). — Voltairiana. *Paris*, 1748, in-8, v. m. (*Aux armes du duc de Richelieu*). — Physique occulte (tome II). *La Haye*, 1722, in-12. (*Aux armes du prince de Conti*).

630. — Reliures armoriées des XVIᵉ, XVIIᵉ et XVIIIᵉ siècles. Lot de 8 vol. in-12, v.

631. — Reliures en maroquin rouge, armoriées aux armes de France. 2 rel. in-4. — Reliure armoriée d'un *Almanach royal* pour 1761. In-8, mar. rouge.

Ces couvertures de livres peuvent servir à faire des albums de gravures anciennes.

632. — Livre des Postes de France. 1793, in-12, couverture en maroquin rouge, dent. intér., doublée
de tabis bleu, *aux armes de Marie-Antoinette.*

Nous n'avons qué la couverture, assez bien conservée, avec le titre
du livre doré au dos. Ce livre des Postes de France était un cahier
imprimé tenu au dos par un simple fil. On pourrait en retrouver un
autre exemplaire et le replacer dans la même reliure sans être obligé
de faire un remboîtage proprement dit.

633. — Sous ce numéro on vendra un certain nombre —
de livres et brochures non cataloguées.

FIN

TABLE DES DIVISIONS

THÉOLOGIE

JURISPRUDENCE

SCIENCES ET ARTS

BELLES-LETTRES

HISTOIRE

ORDRE DES VACATIONS

Première vacation : Lundi 28 janvier.

Nos 1 à 219.

Deuxième vacation : Mardi 29 janvier.

Nos 220 à 440.

Troisième vacation : Mercredi 30 janvier.

Nos 441 à la fin.

Livres non catalogués.

DOLE. — TYP. CH. BLIND.